Un frío viento del infierno

Carlos Puerto

Espacios literarios | Un frío viento del infierno
Carlos Puerto

Herausgeber: Wolfgang Steveker
Vokabelannotationen und Aufgaben: Martina Rüdel
Verlagsredaktion: Julia Goltz
Umschlaggestaltung: werkstatt für gebrauchsgrafik, Berlin
Layout und technische Umsetzung: Anna Bakalović & Annika Preyhs, Berlin
Umschlagfoto: Corbis/zefa: © Mika

Bildquelle: © Picture-alliance/dpa S. 164 oben, S. 164 unten

Verwendete Abkürzungen

a/c	alguna cosa	lit.	literario	jmd.	jemand
alg.	alguien	loc.	locución	jdm.	jemandem
catal.	catalán	m.	masculino	jdn.	jemanden
f.	feminino	pl.	plural	etw.	etwas
fam.	familiar	vulg.	vulgar		

www.cornelsen.de

1. Auflage, 5. Druck 2021

Alle Drucke dieser Auflage sind inhaltlich unverändert
und können im Unterricht nebeneinander verwendet werden.

© 2008 Cornelsen Verlag, Berlin
© 2019 Cornelsen Verlag GmbH, Berlin

Druck: AZ Druck und Datentechnik GmbH, Kempten

ISBN 978-3-464-20295-1

Un frío viento del infierno

Anexo

Para NAZARETH, que sabe demostrar el cariño.

Primera parte
El frío viento

«El ser humano es un abismo.
Me da vértigo cuando lo miro.» – *Georg Büchner*

1 Manu

—Si es cierto que Eva anda con un asqueroso[1] negro, en cuanto los pille[2] juntos los mato —dijo Manu golpeando la mesa con su puño americano de acero[3].

5 —Tú di lo que quieras, pero mientras tanto le estará metiendo mano a tu hermana —empezó a decir Wotan mostrando unos dientes sucios que no podía limpiar a pesar de todo el chicle que masticaba sin parar.

Manu le cogió del cuello y, obligándole a aproximar sus rostros[4], le propinó un rodillazo en los testículos[5].

10 —A mi hermana ni mentarla[6], ¿comprendes? —Como el otro, dolorido y medio asfixiado[7], no podía hablar, insistió—: ¿Comprendes?

Wotan asintió con la cabeza antes de decir, entre toses[8]:

—Perdona, macho; yo sólo quería decir…

15 —Pues di lo que quieras, pero de tu santa madre.

Manu lo arrojó lejos[9], ante la mirada de Águila Juan y de Teo, que habían asistido a la escena con total indiferencia el primero, y como si se tratase de una clase de aprendizaje, el segundo.

---

1 asqueroso/-a: ekelhaft
2 pillar: encontrar (o>ue), sorprender
3 el puño americano de acero: Schlagring aus Stahl
4 el rostro: la cara
5 propinar un rodillazo en los testículos: mit dem Knie einen Stoß in die Hoden geben
6 mentar (e>ie): mencionar
7 asfixiarse: ersticken
8 la tos: Husten
9 arrojar lejos a alg.: *hier* jdn. weit wegstoßen, wegschubsen

En su cabeza, por culpa del compañero, había comenzado a soplar el siroco[1]. Era un viento que Manu conocía perfectamente y que, una vez desencadenado[2], no sabía exactamente cómo detener.

Le molestaba que fuera Wotan quien lo provocara, era 5 indigno[3], despreciable.

Manu se lavó las manos en el grifo de la fuente pública y, tras empaparse[4] la cara, se las pasó por su cabeza rapada[5]. Le gustaba esa sensación, salvaje y voluptuosa[6].

Sabía que una de las mejores cosas que había hecho en 10 su vida era la de afeitarse la cabeza, aunque le jodía que un niñato[7] futbolista del Barça hubiera implantado esta moda entre otros jugadores y entre los que no lo eran, minimizando de esta forma algo tan serio para él. Todo un símbolo.

Wotan bebió unos buches[8], aclarando la garganta y 15 escupiendo lo más lejos posible. Águila Juan se limpió las uñas con la navaja. Teo, el más pequeño del grupo, quince años apenas cumplidos, repitió gesto por gesto lo que había hecho Manu. Luego cerró la llave del grifo[9].

—¿Por qué la cierras? —preguntó Manu mirando al 20 alevín[10] con ojos todavía furiosos por la noticia recibida y el encontronazo[11] con uno de sus compañeros.

Porque fuera o no fuera compañero, Manu le despreciaba. Águila Juan era un «puro», alguien que creía en lo que

---

1 el siroco: un viento fuerte
2 desencadenar: ausbrechen, auslösen
3 indigno/-a: unwürdig
4 empaparse: mojarse completamente
5 la cabeza rapada: cabeza afeitada
6 voluptuoso/-a: apasionado/-a, sensual
7 el/la niñato/-a: *fam.* Rotznase, Bengel
8 el buche: el trago
9 la llave del grifo: Wasserhahn
10 el alevín: el principiante, el aprendiz
11 el encontronazo: el enfrentamiento

hacía. Y Teo una especie de sucesor[1], que le admiraba, le seguía y le intentaba imitar hasta en la más pequeña de sus actitudes. Pero Wotan, utilizando aquel ridículo nombre de leyenda con el que intentaba ocultar el suyo propio, era casi tan escoria[2] como los negros, marrones y judíos a los que buscaban y atizaban[3] cuando salían de caza.

—¿Por qué la cierras? —insistió.

El agua… —empezó a decir Teo.

—Mira lo que yo hago con el agua.

Una patada[4] bastó. Sus botas militares eran fuertes y estaban rematadas[5] por una puntera[6] metálica. El grifo entero saltó por los aires y el chorro[7] brotó sin contención[8]. Unos transeúntes[9] que vieron la escena se alejaron lo más rápidamente posible de la fuente para no tener que enfrentarse con Manu y los suyos.

Hacía un frío espantoso. Cuando hablaban, las palabras se convertían en vaho[10], y el vaho en diminutas cristalizaciones de hielo.

—Vamos a tomar algo.

Avanzaron por las calles como siempre, en formación: de cuatro en fondo[11]. De esta forma hacían un barrido[12] de

---

1 el/la sucesor/a: Nachfolger/in
2 la escoria: la basura
3 atizar: *aquí* dar un golpe
4 la patada: Fußtritt
5 rematar: *hier* verstärken
6 la puntera: Schuhspitze
7 el chorro: Wasserstrahl
8 brotar sin contención: *aquí* salir sin parar
9 el transeúnte: Passant, Fußgänger
10 el vaho: Dampf
11 de cuatro en fondo: in einer Viererreihe
12 el barrido: *hier* Kehrbesen

transeúntes que se veían forzados a apartarse[1] si no querían bronca[2].

Manu, indignado por la noticia que le había dado Wotan, estaba deseando que alguno de aquellos con los que se cruzaba protestase por su avasallamiento[3]. Ésa sería la señal para machacarle[4], pensando que aplastaba los sesos[5] de un judío, de un asqueroso moro, o de un travestí de mierda.

Pero como hacía mucho frío, era bastante tarde y la calle no muy céntrica, apenas divisaron a unas pocas personas que, apresuradas[6], cruzaban de acera[7] al verles llegar.

La Sangre del Poeta era su pub favorito. Aparentemente era un lugar de reunión de jóvenes de todas las tendencias, donde los jarros de cerveza se mezclaban con juegos de dardos. Pero luego, en la trastienda[8], había un saloncito presidido[9] por una bandera que cubría toda la pared. Una bandera roja, blanca y negra, con un círculo en el centro en el que estaba dibujada una impresionante cruz gamada[10].

Águila Juan, cada vez que entraba en la trastienda, se cuadraba[11] saludando militarmente con el brazo en alto, muy recto, los ojos medio entornados[12] y la mandíbula apretada[13].

---

1 apartarse: ausweichen
2 la bronca: la pelea, la disputa
3 el avasallamiento: el hecho de someter a los demás
4 machacar a alg.: jdn. fertig machen
5 aplastar los sesos: das Gehirn zerquetschen
6 apresurado/-a: con mucha prisa
7 cruzar de acera: die Straßenseite wechseln
8 la trastienda: un cuarto situado en la parte de atrás del pub
9 presidir: dominar
10 la cruz gamada: Hakenkreuz
11 cuadrarse: strammstehen
12 los ojos medio entornados: los ojos medio cerrados
13 apretar la mandíbula: *hier* die Kiefer zusammenpressen

Wotan corría a beberse una cerveza, la enésima[1] de la noche, y a buscar algún porro[2] que otro.

Teo aguardaba[3] a ver qué hacía Manu. Si éste, contagiado por el fervor[4] de Águila Juan, se cuadraba, Teo también
5 se cuadraba. Si por el contrario Manu se sentaba indolentemente[5], Teo se sentaba a su lado.

Pero aquella noche Manu no hizo ni lo uno ni lo otro. Tomó un vaso y lo apretó con fuerza hasta que saltó en mil pedazos.

10 Se cortó la palma de la mano[6] y arrojó[7] los restos a un rincón con desprecio.

Teo corrió a ayudarle, ofreciéndole un pañuelo con el que frenar la hemorragia[8], pañuelo que Manu anudó como pudo a su mano herida, rechazando cualquier otra colaboración
15 de su alevín con una simple mirada.

—¿Cómo va lo del partido? —preguntó Águila Juan contemplando a todos los allí reunidos como si en realidad estuviera pasando revista a la tropa[9].

—Todavía dudan —dijo uno que llevaba en el brazo
20 izquierdo un tatuaje representando un haz de flechas atravesadas por un yugo[10] —, pero aceptarán, acabarán aceptando.

Nos necesitan —dijo Wotan eructando[11]—. Para darles a los catalanes lo que se merecen, nos necesitan.

---

1 enésimo/-a: *fam.* Zigste/r, Soundsovielte/r
2 el porro: Joint
3 aguardar: esperar con atención
4 el fervor: Eifer
5 indolente: apático, indiferente
6 la palma de la mano: Handfläche
7 arrojar: tirar, lanzar
8 la hemorragia: la pérdida de sangre
9 pasar revista a la tropa: eine Truppenbesichtigung durchführen
10 el haz de flechas atravesadas por un yugo: Joch und Pfeile (Symbol der Falange, einer faschistischen Bewegung in Spanien seit 1933)
11 eructar: aufstoßen, rülpsen

—¿Y si ganamos nosotros? —aventuró uno que cubría sus ojos con gafas oscuras a pesar de que era de noche y estaban en un local cerrado.

—¿Y qué nos importa quién gane? —interrumpió Manu blandiendo[1] su puño americano de acero como si fuera una prolongación de su mano—. Si ganamos, lo celebramos, si perdemos, nos vengamos; siempre hay motivo para enseñarles a hablar español a esos culés[2] de mierda.

Teo estuvo a punto de interrumpir formulando en voz alta la pregunta que acababa de ocurrírsele: «¿Y si hay empate[3]?». Pero sabía que allí lo de menos era el fútbol. Que lo importante era mezclarse con los aficionados más forofos[4], los Ultra Sur[5], y luego, a la salida del estadio, utilizar las porras[6], las cadenas, la puntera de sus botas. Cuanto más escandaloso fuera el resultado del marcador[7], mejor para todos. Entre la euforia de unos y la decepción de los otros, estaban ellos.

Manu jugueteó por unos momentos con el colgante que llevaba al cuello: una Cruz de Hierro nazi que le había comprado en El Rastro[8] a Walter, un antiguo oficial de las SS que vivía en España desde la finalización de la Segunda Guerra Mundial. Tenía cerca de ochenta años, pero cada vez que Manu o alguno de los suyos iban a visitarlo rejuvenecía[9]. Sobre todo le gustaba ver a Águila Juan, porque en él veía al teórico del grupo; solía decir que lo que les diferenciaba

---

1 blandir: schwingen
2 el culé: el/la aficionado/-a del FC Barcelona
3 el empate: Unentschieden, Gleichstand
4 el/la forofo/-a: el/la aficionado/-a fanático/-a
5 los Ultra Sur: miembros del Ultra Sur, un grupo de aficionados del Real Madrid con ideología de extrema derecha
6 la porra: Schlagstock
7 el marcador: Anzeigetafel
8 el Rastro: berühmter Flohmarkt in Madrid
9 rejuvenecer: parecer más jóven

de las otras tribus[1] urbanas es que ellos poseían una sólida ideología.

Pero a Walter también le gustaba Manu, tan violento como cerebral, la mejor levadura[2] para un oficial nacional-socialista.

—No saben si darnos entradas como a los Ultra Sur para que pasemos, o que vigilemos[3] desde fuera.

—¿Quieren dejarnos fuera? —protestó Wotan—. Para calentarnos tenemos que ver el partido.

—Tú para calentarte no necesitas ni mucho menos ver un partido —le dijo Manu, que aún no le perdonaba el comentario que había hecho sobre su hermana Eva—. Bebe y calla.

El verdadero nombre de su hermana era Evangelina, aunque todos la llamaban Eva. Sabía que gustaba a los chicos y por ese motivo él siempre había tenido que estar en guardia[4]. Su hermana no podía ser para cualquiera, para eso estaba él. No quería que acabara como su madre, a la que hacía años que no veía, de la que recibían a través de sus tíos el dinero suficiente para subsistir en el infierno de la gran ciudad.

Eva tenía las piernas largas y la piel muy blanca, con doradas[5] pecas[6] en las mejillas.

Manu odiaba el verano porque su hermana se ponía minifalda y todo el mundo podía ver sus muslos[7]. Afortunadamente ahora era invierno, un invierno frío y crudo como no se recordaba en mucho tiempo. Eva se cubría como un esquimal con su parka azul marino. Eso estaba bien. Pero

1 la tribu: *aquí* la banda, el clan
2 la levadura: *aquí* el material
3 vigilar: bewachen, überwachen
4 estar en guardia: auf der Hut sein
5 dorado/-a: del color de oro
6 la peca: Sommersprosse
7 el muslo: Oberschenkel

decían que ahora andaba con un negro, un moro o algo así.
Eso estaba mal. Y si la cosa iba en serio, iba a estar mucho
peor que mal.

Eva tenía los ojos de un color indefinido, que cambiaba
como la superficie del mar, unas veces hacia el azul, otras 5
hacia el verde. Y sus manos...

Manu apartó de su cabeza estas imágenes que estaban
bien para otras chicas como esas con las que solía pasar unas
horas. Pero su hermana no era así. Seguramente era mentira
eso de que estaba con un negro, una sucia mentira de Wotan 10
para joderle[1]. Pero suponiendo que fuera verdad —¡maldita
sea!, ¿por qué iba a serlo?, ¿por qué su hermana?, ¿por qué
precisamente Eva?—, la culpa sería del negro.

Sólo de pensar en las sucias manos de aquel individuo
acariciando[2] la piel de su hermana, Manu sentía que las 15
tripas se le revolvían[3] y tenía ganas de ir en busca de alguien
al que machacar los sesos.

—¿Nos vamos?

Teo se puso en pie como un resorte[4], a su lado, dispuesto
a seguirle a donde hiciera falta. 20

No hemos hecho más que llegar —se quejó Wotan,
aspirando el humo del porro que acababa de encender.

Manu ignoró a Wotan y miró a Águila Juan, que estaba
dando unas indicaciones sobre el partido del próximo
domingo. 25

—Cuando habléis con el presidente, decidle que nosotros
nos podemos encargar del servicio de orden.

—¿Orden dentro del estadio?

---

1 joder: *vulg. aquí* molestar, fastidiar
2 acariciar: streicheln, liebkosen
3 las tripas se le revolvían: es drehte sich ihm der Magen um
4 hacer a/c como un resorte: hacer a/c muy rápido

—Claro, como siempre; luego, lo que pase fuera, les importa tres cojones[1].

Manu sonrió por primera vez aquella noche. Le agradaba[2] la forma de pensar de su compañero. A éste le daba igual el fútbol y los jugadores, la Liga, la Copa o las competiciones europeas. A él lo que le gustaba era la estrategia, planificarlo todo como si estuviera en el campo de batalla y luego... ¡atacar!

Por eso su propuesta de dejar *La Sangre del Poeta* podía ser bien aceptada por Águila Juan. Una especie de entrenamiento para el domingo, una puesta a punto[3], un ensayo general[4].

La noche de Madrid era el mejor escenario para ese ensayo general.

—¿Nos vamos? —insistió.

Águila Juan captó el mensaje y asintió con la cabeza.

Tendrían que escarbar[5] si querían sacar algo en claro. Porque en invierno los vicios[6] de la ciudad quedaban más escondidos que en verano. Todo parecía ocultarse bajo las bufandas[7], abrigos o chupas[8]. Todo se tapaba bajo el manto[9] de la noche fría. Pero eso también tenía su encanto[10] para los cazadores[11].

—¿Adónde vamos?

---

1   importar tres cojones: *vulg.* no importar absolutamente nada
2   agradar: gustar
3   la puesta a punto: Generalrevision
4   el ensayo general: Generalprobe
5   escarbar: *aquí* buscar
6   el vicio: el defecto, la desviación
7   la bufanda: Schal, Halstuch
8   la chupa: la chaqueta
9   bajo el manto de la noche: *hier* im Schutze der Nacht
10 tener su encanto: ser atractivo/-a
11 el cazador: Jäger

—Podemos ir a Costa Fleming —dijo Wotan pensando en las putas elegantes que siempre le habían atraído en las películas y con las que soñaba estar al menos una vez en su vida.

—Al Parque del Oeste —sentenció Águila Juan remangándose la camisa[1], dejando ver el tatuaje de un águila en cada brazo. Una era el águila del antiguo escudo[2] de España, ahora prohibido por la cobarde[3] democracia. La otra, con las alas rectas[4], la que llevaban los oficiales alemanes en sus uniformes; o algo parecido, porque ésta era un águila de dos cabezas.

La idea le gustó a Manu. Allí estaban aquellos seres que no eran ni hombres ni mujeres. Entonces, ¿qué eran? Para ellos no podía existir comprensión, ni misericordia, ni piedad. Un par de tiros en la cabeza desharían su duda.

¡La pistola! Lástima no haberla llevado esa noche tan fría. La tenía en casa, a buen recaudo[5], ni siquiera Eva lo sabía, bajo una baldosa[6] del suelo del cuarto de baño, al lado del retrete[7], sobre la que descansaba la escobilla[8] que nunca se utilizaba. Era una 9 mm *Parabellum*, del mismo tipo de las que usaban los etarras[9]. Así, si había alguna investigación, siempre podrían echarles la culpa a esos hijos de puta que querían destrozar[10] España. No tenía la pistola, pero sí el puño americano de acero. Con él, bien manejado,

---

1 remangarse la camisa: das Hemd hochkrempeln
2 el escudo: Wappen
3 cobarde: sin valor, sin coraje
4 las alas rectas: rechtwinklige Flügel
5 tener a/c a buen recaudo: tener a/c en un lugar seguro
6 la baldosa: Fliese
7 el retrete: el W.C.
8 la escobilla: *aquí* Klobürste (→la escoba)
9 el/la etarra: miembro de la ETA (organización terrorista vasca)
10 destrozar: destruir

era posible romper un cráneo[1] como si fuera una sandía[2]. El puño americano de acero y la navaja.

—¡Al Parque del Oeste!

El coche, un Citroën de Águila Juan con más años que la tos, quedó con las puertas abiertas. ¿Quién se lo iba a robar? Además, lo necesitaban así por si tenían que darse a la fuga[3] caso de que la caza fuera fructífera[4].

Pero el parque parecía desierto.

—Ya os dije que era mejor ir a Costa Fleming —dijo Wotan escupiendo uno de sus chicles y desenvolviendo el siguiente.

—¡Chist![5] —indicó Águila Juan como lo haría un ojeador en un campo de perdices[6].

Teo se pegó contra el tronco de un árbol sin perder de vista a Manu, que miraba hacia todos lados en busca de una buena presa[7].

Pero los travestis parecían haber detectado la llegada de la pandilla[8], porque bajo los árboles que miraban a la sierra de Madrid no quedaba más que el reflejo de las farolas[9] en los charcos[10], que, a esas horas de la noche, empezaban a congelarse.

—Vamos a la Castellana[11] —dijo Wotan, que tenía frío porque la cremallera de su chupa de cuero estaba rota y no podía cerrarla del todo.

---

1 el cráneo: Schädel
2 la sandía: Wassermelone
3 darse a la fuga: huir, escaparse
4 fructífero/-a: productivo/-a, exitoso/-a
5 ¡Chist!: exclamación para imponer silencio (Pst!)
6 el/la ojeador/a en un campo de perdices: Treiber in einem Rebhuhnfeld
7 la presa: *aquí* la víctima
8 la pandilla: la banda
9 la farola: (Straßen)Laterne
10 el charco: Pfütze
11 la Castellana: una gran avenida en el centro de Madrid

—Están por aquí, los presiento —aseguró Águila Juan como lo haría un explorador que se adentrara en territorio apache. No hacía falta verles, ni oírles, ni siquiera percibir su empalagoso[1] perfume pachulí para saber que no estaban lejos.

5

Manu se pasó la mano por la cabeza, que, curiosamente, no la tenía fría. Si estuviera a la misma temperatura que su furia interior, en lugar de cabeza parecería una olla sobre un fogón[2]. Luego, llevó su mano al interior del bolsillo trasero de su pantalón negro. Sus dedos tropezaron con el duro contacto de la navaja barbera[3].

10

A otros les gustaban las navajas automáticas, que sacaban su punta al solo contacto de un botón. Incluso los había que preferían utilizar machetes de caza o bayonetas militares oxidadas y, en su opinión, poco manejables. Manu prefería utilizar la navaja barbera; no hacía ruido al abrirse, no hacía ruido al rasgar[4] la carne. Zas, zas... La sangre brotaba a borbotones[5] sin que la víctima ni siquiera se diera cuenta de que había sido herida.

15

Esto le daba una buena ventaja en las peleas cuerpo a cuerpo, porque zas, zas, por aquí, zas, zas por allá, manejando la navaja como un pintor utilizaría un pincel, iba cortando a su contrincante[6] en el brazo, en una pierna, en el costado[7]..., y hasta que no lo hacía en la cara el otro apenas percibía que se estaba desangrando. Entonces es cuando Manu le miraba a los ojos, mientras el enemigo se llevaba la mano a las heridas y comprobaba que su sangre manaba[8] por varias

20

25

---

1 empalagoso/-a: süßlich, aufdringlich
2 la olla sobre un fogón: Kochtopf auf einem Herd
3 la navaja barbera: navaja para afeitarse
4 rasgar: cortar
5 brotar a borbotones: (heraus-)sprudeln
6 el/la contrincante: el/la adversario/-a
7 el costado: el lado
8 manar: fließen, strömen

partes de su cuerpo; lo miraba a los ojos, sonreía y asestaba[1] el corte final. Un dedo, si el contrario[2] era poca cosa, se lo podía cortar de un hábil tajo[3]. O la yugular[4], si el que tenía enfrente era uno de los enemigos de la sociedad.

5   Mientras avanzaban por el parque deslizando sus botas punteadas, evitando hacer ruido, Manu volvió a pensar en su hermana. Y en el sucio extranjero que podía estarla sobando[5]. Para él utilizaría la navaja de otra forma: le cortaría los huevos y luego le obligaría a comérselos.

10   —¡Ahí están! —susurró Águila Juan remangándose aún más la camisa, como para dejar al descubierto, a pesar del frío, las aves imperiales, una de ellas bicéfala[6], que adornaban su piel.

    No eran travestis sino drogatas. Pero ellos también odiaban a los drogatas. Porque una cosa era fumar porros, como hacía Wotan o muchos otros cabezas rapadas, y otra muy diferente esnifar o inyectarse cocaína o caballo[7].

    Decepcionado, Manu se dijo que no le apetecía utilizar su furia aquella noche contra drogatas agilipollados[8]. Prefería alguien que les hiciera frente, que incluso se atreviera a desafiarles[9]; o en el peor de los casos que les suplicara[10] por su vida.

    Pero un colgado[11] sólo les miraría con ojos perdidos en el vacío mientras les propinaban las patadas.

---

1   asestar (e>ie): versetzen, ausführen
2   el contrario: el/la adversario/-a
3   el tajo: el corte
4   la yugular: Halsschlagader
5   sobar: betasten
6   bicéfalo/-a: con dos cabezas
7   el caballo: *fam.* Heroin
8   agilipollado/a: *vulg.* tonto/-a, loco/-a
9   desafiar: herausfordern
10 suplicar: anflehen
11 el/la colgado/-a: drogadicto/-a

—Busquemos mejor picadillo[1] —dijo Manu guardando la navaja.

—Luego —afirmó Águila Juan—, después de que les demos a éstos la lección del día.

Para Águila Juan, los drogadictos eran escoria, quizás no tan marcada como lo eran los negros y los judíos, pero a fin de cuentas basura. Y él, por sus ideas puras e inmortales, no podía perdonar a los que impedían la formación de la fuerza nueva del mundo. Tenían que temerles, que respetarles, solía afirmar; sólo de esta forma volvería a sentirse el orgullo por la raza superior.

Para Manu aquello que iban a hacer era una pérdida de tiempo y de energías. Dos enganchados[2], abrigados como podían bajo harapos[3], encendiendo de mala manera la llama con la que licuar la droga, sólo eran caza menor. Conejos o codornices[4]. Y él necesitaba aquella noche por lo menos un jabalí. O escuchar en su cabeza el soplo del siroco que, últimamente, sólo sentía cuando alguien le mentaba[5] a su hermana.

Escuchó los golpes que propinaban sus amigos a la pareja de drogatas. Golpes secos, como si estuvieran pateando un saco de arena.

Águila Juan sabía donde colocaba la puntera metálica de su bota, a Wotan le daba lo mismo el costado que la cabeza, las rodillas que las manos de las que habían soltado los utensilios para aplacar el mono[6] de aquella noche.

---

1 el picadillo: *aquí* la víctima, la presa
2 enganchado/-a: *fam.* an der Nadel hängen
3 los harapos: Lumpen
4 el codorniz: Wachtel
5 mentar (e>ie): mencionar
6 aplacar el mono: die Entzugserscheinungen mildern

También Teo había empezado a patear a los drogatas. Cuando se dio cuenta de que Manu no participaba, se dirigió a él.

—Me quedo contigo —dijo muy seguro de su decisión.

5 —No te necesito a mi lado —explotó Manu apartándole de un manotazo.

A Teo no pareció importarle la violencia de su amigo. Es más, admiraba aquella fortaleza[1] suya, capaz de contenerse cuando la caza era tan insignificante.

10 Teo comprendía a Águila Juan y sus ideas, tan nobles como exigentes. Comprendía que Wotan era una bestia sin objetivos, que lo mismo estaba allí como podía estar de portero en una disco. Comprendía la decisión de Águila Juan de atacar a todo el mundo, y que la actitud de Wotan

15 era consecuente con sus instintos. Pero sólo admiraba a Manu, que sabía estar al margen sin que nadie se atreviera a tacharle[2] de cobarde. Bastantes veces había demostrado que no lo era, como aquella en que cogió a un guarda jurado[3], con porra y pistola, le arrinconó[4] contra una verja[5] y deslizó su

20 navaja por todo su pecho hasta el ombligo. El guarda jurado, tan chulito[6] hasta ese momento, tan arrogante y fanfarrón[7] él, sólo de ver la sangre que le brotaba de la tripa[8] como si fuera un cerdo en día de matanza[9], se desmayó.

---

1 la fortaleza: la fuerza
2 tachar a alg. de a/c: considerar a alg. como a/c
3 el/la guarda jurado/-a: *hier* Wachmann
4 arrinconar: *hier* drücken, drängen
5 la verja: Gitter
6 chulito/-a: *fam.* angeberisch, eingebildet
7 fanfarrón/-ona: prahlerisch, aufschneiderisch
8 la tripa: Gedärme, Eingeweide
9 el día de matanza: Schlachttag

—Ya está —dijo Águila Juan evitando que Wotan rematara[1] a unos desdichados a los que el destino había arrastrado[2] a la agonía.

—Y ahora, ¿qué? —preguntó Manu apretando los dientes. Sabía lo que le hubiera gustado hacer en aquellos momentos: ir a cualquier poblado en el que se congregasen[3] los inmigrantes, marroquíes, dominicanos, cubanos del exilio, guineanos... Ir a su territorio y, mientras todos dormían, sacar su 9 mm *Parabellum* y disparar, disparar sobre ellos, disparar.

Manu notó que algo húmedo caía sobre su cabeza, Miró hacia el cielo negro y vio diminutas manchitas blancas que avanzaban hacia sus ojos.

Estaba comenzando a nevar.

1. Resume brevemente lo que pasa en el primer capítulo.
2. Formad grupos de cuatro personas. Cada uno presenta a un miembro de la banda de Manu, haciendo hincapié en su posición en el grupo.
3. Caracteriza a Manu.
4. Analiza el efecto del primer capítulo sobre el lector examinando cómo están presentados los cuatro chicos.
   Ten en cuenta la descripción del comportamiento, del aspecto físico y de las acciones.
5. Examina y comenta cómo Manu ve a su hermana.

---

1 rematar: matar
2 arrastrar: *aquí* llevar
3 congregarse: reunirse

2 Eva

Solías levantarte en pijama, sin cubrirte con una bata[1] o un
albornoz[2]. Fuera invierno o verano salías de la cama por la
mañana, muy temprano, en cuanto sonaba el despertador,
sólo cubierto tu cuerpo casi adolescente por un camisón
5 comprado en Pryca.

Después de ir al cuarto de baño, sentándote en la taza
sin abrir casi los ojos, después de una ducha rápida, más
rápida de lo que hubieras deseado, caliente si hacía frío, fría
si hacía calor, antes de preparar el desayuno, te asomabas a
10 la ventana. Siempre veías la misma calle. Tenía nombre de
zarzuela[3], La Revoltosa, y no era precisamente de las más
feas de tu barrio. Tampoco de las más bonitas, pero estaba
cerca del paseo García Lorca, amplio, arbolado, donde
solían abrir casetas[4] cuando había alguna feria, del libro, de
15 la patrona, de lo que fuera.

Te sentías a gusto en tu pequeña ciudad. Porque aunque
muchos dijeran que aquello era un barrio marginal de
Madrid, para ti, Eva, tu Vallecas era algo independiente,
incluso del otro Vallecas del Puente, que sí que era un
20 barrio y se veía obligado a tragar muchos marrones[5] de los
de la capital. Por eso, tu pequeña ciudad se llamaba, para
distinguirse, Vallecas Villa.

1 la bata: Morgenmantel
2 el albornoz: Bademantel
3 la zarzuela: traditionelles spanisches Singspiel
4 la caseta: Bude, (Markt)Stand
5 tragarse un marrón: *loc. fam.* eine Strafe aufgebrummt bekommen

Allí era diferente, más lejos, pero también más independiente, más acogedor[1], con muchas familias jóvenes, alejadas
del centro por la carestía[2] de las viviendas; o sencillamente
insertadas en aquel rincón de la comunidad central porque
no habían encontrado la llave que abriera la puerta de 5
salida.

Pero tú no te conformabas[3] con buscar esa llave mágica,
sino que estabas empeñada[4] en fabricarla.

Te levantabas temprano, muy temprano, en invierno
cuando aún no era de día, y te acostabas horas y horas 10
después. Primero estudiabas lo que habías dejado pendiente
la noche anterior. Luego ibas al supermercado, de cajera,
ocho, diez horas de cajera, todos los días, menos los que
librabas, y seguías estudiando. Y por las tardes, durante
todo el año, ibas a clase. 15

Aprendiste a descubrir que el mundo no empezaba, ni
mucho menos terminaba, en Vallecas Villa. Aprendiste a
sentirte fuerte porque sabías que la llave estaba empezando
a crearse entre tus manos.

Y allí, en clase, le conociste. A Saïf. 20

Habías tenido aventurillas con otros chicos. Nunca
olvidarías el primer beso, ni la primera caricia bajo las
acacias[5] del parque. Tampoco las advertencias de tu
hermano: «Como te vea con alguien, te rompo el alma».

Más que advertencias eran amenazas. Él siempre te vería 25
como una cría[6], como la hermana pequeña; no le gustaba
tener que asociarte a las chicas con las que él salía para
divertirse. Y eso que tu hermano no era como otros del barrio,

---

1 acogedor/-a: gemütlich
2 la carestía: el precio alto
3 conformarse con: contentarse con, estar contento/-a con
4 estar empeñado/-a en: hartnäckig auf etw. bestehen
5 la acacia: Akazie
6 la cría: *aquí* niña pequeña, hermana menor

sólo pensando en las faldas (en las «bragas», como dirían ellos), en ver lo que podían sacar de una chica; y luego, si te he visto no me acuerdo. No.

Tú habías visto llorar a Vanessa, una de tus mejores
5 amigas, porque creía haberse quedado embarazada y el tío, su pareja hasta entonces, había salido por pies, encima insultándola, diciendo aquello de que «seguro que era de otro, que a él no se la iba a pegar, que no iba a creerse que él era el único que se acostaba con ella», y siempre la misma
10 monserga[1].

Y habías visto cómo el padre de Sonia, una compañera del supermercado, la de la caja n.° 7, al lado de la tuya, le pegaba una paliza[2] que la dejaba marcada durante varios días. Todo porque la había sorprendido en el portal metién-
15 dose mano con Paco, su novio de toda la vida, al que conocía desde los ocho años. Pero su padre era muy severo, no aceptaba esas cosas, y menos en el portal de su casa.

También habías sido testigo de cómo se emborrachaba Juani, la de la mercería[3], porque alguien —nunca te apren-
20 diste bien su nombre— se la había pegado con otra[4]. Tuviste que llevarla, casi arrastrarla[5] hacia su casa, acostarla y contarles un cuento a sus padres, no sé qué de una fiesta entre chicas solas, y otras mentiras.

No, tu hermano Manuel, Manolo para todo el mundo,
25 hasta que se rapó la cabeza y no permitió que nadie le llamara por otro nombre que no fuera el de Mano, era diferente. Nunca se le veía con chicas por el barrio, y no es que fuera marica[6], ni mucho menos. Es que para él las

---

1 la monserga: dummes Geschwätz
2 pegar una paliza a alg.: *fam.* jdm. eine Tracht Prügel verpassen
3 la mercería: *hier* Kurzwarenabteilung
4 pegarse a alg. con alg.: *fam.* engañar a alg. (fremdgehen)
5 arrastrar: llevar a la fuerza
6 el marica: *vulg.* el homosexual

mujeres tenían menos importancia que sus ideas. O al menos que sus pensamientos.

Sus pensamientos, que se iban conformando en ideas a causa de la compañía de Águila Juan y de otros como él, te espantaban[1]. Sabías que odiaba al mundo, por culpa de tu madre, desaparecida desde que tenías uso de razón, dedicada desde que era una mujer a lo que ninguno ignoraba. No es que se vanagloriase[2] de ser puta, pero tampoco lo ocultaba.

Tú, Evangelina, Eva para los demás, preferías el diminutivo porque así te había llamado el primer chico que conociste. Te dijo que eso de Evangelina era muy largo y que, en cambio, Eva se pronunciaba en un suspiro.

A Manu le costó llamarte de esa forma. Imponía su nombre recortado a los demás, pero le resultaba difícil hacer lo mismo contigo.

—Tú eres Manu, y yo Eva, ¿de acuerdo? —le dijiste una noche mirándole a los ojos.

Acababas de llegar de clase, él estaba a punto de marcharse con su grupo. Tus miradas siempre le desarmaban. A ti te hacía gracia ver su turbación[3], pensar que, a pesar de su fiera[4] apariencia, tus ojos eran capaces de hacerle tambalearse[5] por dentro. Eso te hacía creer que Manu no era tan malo como él mismo deseaba demostrar a los demás. Incluso el hecho de que te estuviera protegiendo en todo momento, lo considerabas un gesto de amor. Quizás el único gesto de amor que, hasta el momento, Manu había sido capaz de ofrecerle a alguien.

---

1   espantar: asustar, dar miedo
2   vanagloriarse: sich rühmen, prahlen
3   la turbación: *aquí* la confusión
4   fiero/-a: *aquí* brutal
5   tambalearse: schwanken, taumeln

Le diste un beso para sellar el pacto[1], y él se marchó de casa dando un portazo[2].

Era su forma de demostrar su aceptación a tu nuevo nombre. De haberlo rechazado te habría levantado la mano.
5 No para pegarte, Manu nunca lo había hecho ni lo haría jamás, sino para asustarte.

En el fondo —tú lo supiste bien en esos largos meses, que a ti se te hicieron infinitos—, lo que más le gustaba a Manu era el miedo, el miedo de los demás. Nunca olvidarías la
10 respuesta que te dio cuando le preguntaste por su aspecto, su indumentaria[3]:

—Me encanta ver cómo la gente suda de miedo al verme y cómo me abre paso por la calle.

—¿Por qué? —insististe en saber, ya que aquello te
15 parecía tan pueril[4] como peligroso.

—Porque en esos momentos sé que soy infinitamente superior a ellos —te respondió con desprecio, pensando sin duda en los que se apartaban nada más verle aparecer por la esquina, los que se retiraban a la parte trasera cuando
20 entraba en un vagón del metro.

Discutir con él era imposible. Podíais cenar juntos, la mayoría de las veces en silencio, preguntándote por los fantasmas que estarían poblando su cerebro en aquellos momentos. Podías darle un poco de dinero cuando le veías
25 muy apurado[5], ya que nunca le dirías que trabajara como todo el mundo y que, como todo el mundo, se ganara un sueldo. Eso te parecía moralizar y era algo que, aunque por distintos motivos, ni a ti ni a él os gustaba.

---

1 sellar un pacto: einen Pakt besiegeln
2 dar un portazo: cerrar la puerta violentamente
3 la indumentaria: la ropa, la apariencia
4 pueril: infantil, tonto/-a
5 apurado/-a: *aquí* sin dinero

Manu ya era mayorcito, aunque a tus ojos fuera una especie de ciervo perdido[1] en el bosque; y tú tenías tu vida por delante, o al menos estabas haciendo lo imposible por configurarla, a pesar de la calle de La Revoltosa, y toda la Villa de Vallecas a la que, inexorablemente[2], habías de regresar noche tras noche, mientras pasaban los años.

¿Y tú, Eva, qué pensabas de tu madre? ¿Qué pensabas de esa mujer que os había dejado en manos de unos tíos y a los que enviaba todos los meses, sin faltar uno, dinero para que fuerais tirando[3]?

Desgraciadamente me he quedado sin saberlo, aunque todo el que se atreviera a sumergirse en tus ojos vería en ellos la bondad, la misericordia, la ausencia de odio o rencor[4].

¿Te han dicho alguna vez que eras una chica buena?

Manu, con sus actitudes, te lo estaba diciendo constantemente, al protegerte, al no desear para ti lo que fue o ha seguido siendo vuestra madre. Tu hermano te ha necesitado siempre, quizás para convencerse de que no todo el mundo estaba frente a él[5], que no todas las personas eran enemigos a los que insultar o agredir[6]. ¿Qué pensabas cuando, por la noche, en espera de que el despertador volviera a sacarte de la cama, mirabas las paredes de aquel pisito prestado por vuestros tíos, del que sólo hacíais frente a los gastos? Un piso destartalado[7] que tú decoraste mucho mejor de lo que parecía posible teniendo en cuenta los medios de que

---

1 el ciervo perdido: *etwa* verlorenes Reh (ciervo: Hirsch)
2 inexorablemente: unerbittlich
3 ir tirando: zurechtkommen
4 el rencor: Groll
5 frente a alg.: *aquí* contra alg.
6 agredir: atacar
7 destartalado/-a: en ruina

disponías. Una jarapa[1] como tapiz[2] en la pared, un cuadro de tu amiga Virginia, al lado de una reproducción de Van Gogh recortada de una revista mostrando unos campos amarillos bajo cielos azules, un reloj de bolsillo colgado de su cadena, sin funcionar, naturalmente, siempre marcando las ocho y catorce minutos, como si aquella hora tuviera algo mágico.

    ¿Y qué pensabas de Manu, cuando delante del espejo se afeitaba todos los días, con una navaja barbera, la cara y la cabeza, como en un ritual, mientras en la calle le esperaban Wotan y Teo, el primero no desperdiciando[3] ocasión para hacerte un repaso de arriba abajo[4], con sus ojos tan sucios como sus dientes, deseándote como si fueras mucho menos que un bocadillo? El segundo callado, seis o siete años más joven que Manu, pero vestido igual que él, hasta en los más mínimos detalles, un pin[5], un dibujo en la chupa, su forma de andar, sus gestos, la muñequera[6] con tachuelas[7] de su brazo derecho; todo, menos la Cruz de Hierro.

    Sabías que Teo tendría que ganársela a pulso[8], y aunque el antiguo nazi del Rastro se las vendiera a todo el que quisiera, Teo no, Teo tendría que hacer méritos[9]. Porque llevarla igual que Manu significaría que había alcanzado su categoría. Algún día, si lo imitaba concienzudamente[10], quizás, pero todavía no, era demasiado joven, era demasiado pronto para ser condecorado[11] con aquella espantosa muestra

---

1   la jarapa: un tejido parecido a una alfombra
2   el tapiz: Wandteppich
3   desperdiciar una ocasión: eine Gelegenheit verpassen
4   hacer a alg. un repaso de arriba abajo: jdn. von Kopf bis Fuß mustern
5   el pin: Anstecknadel
6   la muñequera: Armband
7   la tachuela: *hier* großer, dicker Nagel, Stachel
8   a pulso: por su propia cuenta
9   hacer méritos: *aquí* mostrar que uno merece a/c
10   concienzudamente: con exactitud
11   condecorar: *aquí* honrar

del reciente pasado de la historia, de la vergonzosa historia de la humanidad.

Eva. Cada vez te gustaba más tu nombre, e incluso jugueteabas con él. Si le dabas la vuelta podías echar a volar. Ave. Y tú lo necesitabas hacer muchas veces, para abandonar La Revoltosa, para dejar atrás el paseo García Lorca, el negro y sangre de tu hermano.

Fue una tarde entrando ya el invierno. ¿Tanto tiempo ya?

¿O ahora tendríamos que decir tan poco? Fue lo que se dice un flechazo[1].

Te sorprendió verle en tu clase de lengua. Tú ibas allí para aprender, para no sentirte avergonzada cada vez que escribías una carta llena de faltas de ortografía. Él también estaba allí para escribir mejor, porque el español no era su idioma de nacimiento.

—¡Hola!

—¡Hola!, tus ojos son bonitos —te dijo nada más mirarte.

Te ruborizaste[2]. Te resultó descarado[3], la primera vez que hablabais, pero no te molestó, al contrario. Le miraste con una sonrisa en los labios. Si tus ojos le gustaban, ¿qué podías tú replicarle de los suyos? Eran ojos negros, brillantes, como lacados[4], envueltos en una película de agua pura, ojos intensos, profundos, árabes.

—También bonitas tus… —vaciló, no conocía la palabra. Rozó[5] suavemente con la punta de sus dedos tus mejillas[6].

—¿Mis pecas[7]?

---

1   fue un flechazo: *etwa* es war Liebe auf den ersten Blick
2   ruborizarse: ponerse rojo/-a
3   descarado/-a: dreist
4   lacado/-a: lackiert
5   rozar: tocar ligeramente
6   la mejilla: Wange
7   la peca: Sommersprosse

—Eso… —asintió muy convencido—, pecas. Bonitas. Me gustan.

—¿De dónde eres? —le preguntaste. Pero, antes de que él te respondiera, tú ya estabas hablando de nuevo—: ¿Qué
5 haces aquí? ¿Desde cuándo vienes a clase? No te he visto antes. ¿Es tu primer curso?

Él se echó a reír inclinando la cabeza ligeramente hacia un lado. ¡La de veces que volverías a ver aquel gesto que te enamoró!

10 —Muchas preguntas juntas, demasiadas preguntas para yo que no hablo bien como tú.

Volviste a ruborizarte, porque esta vez comprendiste que te habías precipitado, que por culpa del nerviosismo lo estabas atosigando[1] cuando, precisamente, lo que más deseabas
15 era que él se sintiera a gusto a tu lado.

—Me llamo Eva —le dijiste a la vez que hacías como que recogías tus apuntes.

—Yo Saïf —te respondió él.

—¿Cómo has dicho? —le preguntaste sorprendida, no
20 sólo porque nunca habías oído un nombre así, sino también por la forma en que lo había pronunciado.

—Saïf —repitió—. Significa «verano»… en árabe.

—Pues estamos casi en invierno —es todo lo que se te ocurrió decir, provocando de nuevo su risa. Cuando reía sus
25 ojos se iluminaban, y sus dientes blancos contrastaban aún más con su piel morena. ¿Fue en aquel momento cuando deseaste pasar tus dedos por su cabello rizado? Él pareció intuirlo[2] porque, con cierto pudor[3], se colocó sobre la cabeza un gorro de lana color granate, que le cubrió hasta las
30 orejas.

---

1 atosigar: hetzen, drängen
2 intuir: *aquí* adivinar (erraten)
3 el pudor: la vergüenza

Pero el pudor duró poco y enseguida volvió a hablarte abiertamente.

—¿Me dejas ir contigo? —te preguntó mientras descendíais las escaleras de la academia.

—Vivo lejos —respondiste temerosa, tal vez de él, o de ti, o incluso quizás de que os viera juntos tu hermano y luego tuvierais bronca[1].

—Mejor —respondió Saïf encogiéndose de hombros[2]—. Yo no tengo prisa. Tú vives lejos, mejor. Más tiempo juntos.

Te gustaba e incluso llegó a encantarte su forma de hablar, la manera en que construía sus frases; aquel acento que te permitía soñar con los desiertos de nómadas y beduinos, de bereberes y caravanas de dromedarios. Te fijaste en que llevaba una parka muy parecida a la tuya, y eso te gustó. En el fondo, te dijiste, algo teníais en común. A pesar de que en aquellos momentos pensaste que el chico con nombre de verano iba a ser uno más. De esos que pasan por la vida como páginas en blanco de un libro; páginas importantes, porque sin ellas el libro no existiría, porque tal vez tienen algo escrito en su parte posterior, pero que aparecen ante nuestros ojos sin letras, como un lugar en el que poder escribir la historia —joven historia en tu caso— de tu vida.

—¿Vamos?

Negaste con la cabeza, aunque tu corazón decía que sí. Aquel movimiento no era un obstáculo que le ponías, sino un gesto de aceptación entre sonrisas.

—Anda, vamos.

---

1 tener bronca: *fam.* tener una disputa
2 encogerse de hombros: mit den Achseln zucken

1. Presenta en forma de mapa mental lo que llegas a saber de Eva.
2. Imagínate que eres Saïf y que le cuentas a un amigo cómo conociste a Eva. Trabajad en parejas. Escribid y presentad el diálogo.
3. Confeccionad una imagen congelada que represente las relaciones entre Eva, su hermano Manu y Saïf.
4. Analiza la perspectiva narrativa. ¿Cuál es el efecto sobre el lector?
5. Juzga la actitud de Eva frente a su hermano y su pandilla nazi.
6. ¿Cómo te imaginas la «llave mágica» que menciona Eva? Según tu opinión, ¿qué es esta llave y cómo Eva va a fabricársela?
7. Compara la vida en Vallecas Villa, la periferia, con la vida en el centro de Madrid como es descrita en el primer capítulo.

3 Saïf

…Tener que escribir, no, en español es tengo, tengo que escribir nuevamente, no quiero hacer errores, entiendo, sí, hablo casi bien, pero escribir ser más difícil, no, no se dice ser más difícil, se dice es más difícil, así bien, mejor, pero…

… pero si pudiera pensar en español como pienso en 5 *árabe, o en francés… ¿cuántos años hablando francés o árabe?… así sería mucho mejor.*

Mucho mejor. Lo de menos es el idioma en que escriba este diario, aunque luego deba traducirlo, pero tengo que esforzarme para hacerlo en español. Ahora vivo en España, 10 ya no estoy en Marruecos, aquí nadie entiende el francés y menos el árabe, tengo que hablar y escribir bien el español. Sólo así podré dar clases a mis amigos sin cometer faltas. Aunque, la verdad, ellos con tal de hablar un poco, con tal de chapurrear[1] y salir adelante[2], se apañarán[3]. Como dicen las 15 octavillas[4] que entregamos a los posibles alumnos, «Clases gratis de español para extranjeros». Tenía que haber puesto para «magrebíes», porque si me sale un japonés o un ruso, la he fastidiado[5].

Ahora, si reanudo[6] este diario, tanto tiempo abandonado 20 por el cansancio, la falta de tiempo e, incluso, de un poco de ilusión, es porque he conocido a una chica.

---

1 chapurrear: hablar una lengua mal o con dificultad
2 salir adelante: vencer una dificultad, hacer progresos
3 apañarse: klarkommen, zurechtkommen
4 la octavilla: Flyer, Broschüre
5 fastidiar: molestar, *aquí* echar a perder
6 reanudar: continuar

Los dos tenemos el mismo objetivo a pesar de que ella ha nacido en Madrid. Queremos hablar bien, estudiar y que la gente no se meta con nosotros porque decimos cosas mal dichas.

5   Ella vive en un lugar llamado Vallecas Villa, al otro lado de Madrid; el pasado jueves la acompañé por primera vez a su casa, y cuando quise volver a la mía ya no había autobuses y tuve que coger un taxi. Una ruina. Le voy a tener que pedir más dinero a mi padre, aunque me sé la respuesta,

10 que regrese ya, que me están esperando, que Marruecos es mi casa, que allí lo tengo todo, no me faltará de nada, y que en España siempre seré un maldito inmigrante. Aquí se dice jodido moro de mierda, y la verdad es que prefiero ser uno más a ir contando por ahí que mi familia tiene mucho

15 dinero, pasta[1] o como se diga, y que si he venido a España es porque mi madre nació aquí, hace muchos años, lo sé, pero tenía ganas de ver cómo era el país de los califas[2], donde nació la música de nuestro país, porque la música estaba prohibida por el Corán hasta que en Córdoba lo arábigo[3]

20 se mezcló con lo andaluz y nació el sonido de las nubas, interpretadas por esos violines llamados *kaman*, las dobles flautas[4] llamadas *zamar*, los platillos[5] o *zil*… todo mezclado con el sonido del agua de las fuentes de los patios.

Pero ¿por qué escribo sobre música cuando quiero escribir
25 sobre Eva? ¿Tal vez porque ella me recuerda la música de mi país? Es muy tonto pensar en algo tan poético cuando sólo lo has visto una vez, pero lo que sé es que esa chica me gusta. Sus ojos y sus… ¿cómo se dice?, sus pecas.

---

1 la pasta: *fam.* el dinero
2 el califa: título de los príncipes árabes que gobernaban un califato (p.e. Córdoba)
3 arábigo/-a: árabe
4 la flauta: Flöte
5 el platillo: Becken (Musikinstrument)

Tal vez tenga que tener cuidado con eso que se llama flechazo porque dicen que las cosas que empiezan bien suelen terminar mal.

¿Y qué más da?[1] Si me ha gustado, pues me ha gustado. Y creo que yo también le gusto a ella, aunque cuando 5 llegábamos a su casa estaba muy inquieta. Comprendo que allí estaba su gente y que le diera un poco de vergüenza ir con un chico desconocido; y también comprendo que temiera que en cualquier rincón yo quisiera robarle un beso o intentara abrazarla. 10

No me conoce todavía. Me gustan los besos y las caricias, ¿a qué chico de mi edad no le gustan? Pero sólo si los dos estamos de acuerdo. Robar un beso o lo que sea es tonto, no le veo la gracia[2], y luego el recuerdo es malo, incómodo. No podría escribirle a mi padre diciéndole que estoy bien, 15 porque estaría mal. No podría decirle que utilizo provechosamente[3] la beca[4] de mi país para pasar un año aquí, en España, estudiando su lengua, su cultura y su historia, que durante siete siglos fue también la nuestra; sería mentirle si le hubiera robado a Eva un solo roce[5] de manos. 20

Al llegar a casa mis compañeros de piso dormían. Uno de ellos, Alí, roncaba como si se hubiera dado un banquetazo[6] después del ayuno[7] del Ramadán.

Yo eché la culpa de no poder dormir a sus ronquidos[8]. Pero no era eso, lo que pasa es que Eva se ha metido muy 25 dentro de mi corazón. Como diría el Profeta: el camino que conduce al amor es ya el amor.

---

1 ¿y qué más da?: ¿y qué importa?
2 la gracia: el chiste, la diversión
3 provechoso/-a: nutzbringend
4 la beca: ayuda económica que reciben algunos estudiantes
5 el roce: Berührung
6 el banquetazo: de banquete, fiesta con mucha comida
7 el ayuno: *hier* Fastenzeit
8 el ronquido: Schnarchen

¡Qué tonterías escribo! Pienso en ella como si estuviese enamorado. Lo dejo por hoy, me voy a acostar que mañana me espera un día lleno de cosas.

* * *

... Las cosas se complican. Los compañeros me han informado
5 de que el próximo día 14 habrá una manifestación contra el racismo y la xenofobia[1] en la plaza Mayor. Quieren que sea uno de los organizadores y que me encargue de buscar a los que pueden formar el servicio de orden. No sé cómo voy a poder estar en tantos sitios a la vez. Entre las clases
10 que doy y las que recibo, apenas me queda nada de tiempo para mí. Pero creo que la causa es justa, y si yo, que soy un privilegiado por mi condición, no les echo una mano[2], ¿quién se la va a echar? ¿Los neonazis? Pero al cuello.

Ayer vi a unos en el metro. Como siempre, iban en pan-
15 dilla[3], un grupo de tres o cuatro, y estaban al final del an-dén, mirando a todos lados, como buscando algo. Si no fuera por las cosas que hacen, me darían risa, con sus uniformes de luto y sus cabezas a lo bonzo[4]. Pero el periódico cuenta cosas de los turcos en Alemania, y sin ir tan lejos, ¿quién se
20 ha olvidado de las cosas que me han contado sucedieron en Costa Polvoranca o de lo que le hicieron a la dominicana Lucrecia Pérez?

¿Qué tendrán en su cerebro, si es que lo tienen? Un momento, Saïf, no seas como ellos, claro que tienen cerebro,
25 como todos, hasta los animales lo tienen, ¿o lo que tienen los animales se llaman sesos[5]?

---

1 la xenofobia: el odio a los extranjeros
2 echar una mano a alg.: ayudar a alg.
3 la pandilla: la banda, el grupo
4 la cabeza a lo bonzo: *fam.* cabeza sin pelo, cabeza calva
5 los sesos: el cerebro

Decididamente no domino todavía este idioma, pero lo conseguiré. Un par de meses más y lo conseguiré.

Se metieron en el último vagón un instante antes de que se cerraran sus puertas y el metro se pusiera en marcha. Pasaron de vagón a vagón como si fueran los dueños del 5 mundo, caminando no muy deprisa, en silencio, mirando fijamente hacia delante.

¿Qué pasaría si se hubieran metido conmigo? ¿Alguien me hubiera ayudado o, como estaba viendo, los pasajeros se apartarían[1] a su paso para que actuaran con más 10 comodidad?

Me fijé en sus tatuajes: águilas en los brazos, y una serpiente en la nuca[2]. Y en sus adornos: el más llamativo de ellos era una Cruz de Hierro nazi.

No se fijaron en mí. Pasaron como una tromba[3], agresi- 15 vos, como una apisonadora[4], avasalladores[5], como una estampida[6] de elefantes, dejando a su paso una fuerte estela de sudor[7]. A mí me pareció que además del sudor soplaba una especie de viento frío, pastoso[8] y con olor a basura. ¿O es que mi imaginación me hacía inventar cosas que sólo 20 existían en mi cabeza?

La reunión ha sido tensa[9]. ¿Por qué? Todos estamos de acuerdo en que la manifestación se ha de celebrar, incluso tenemos el permiso. Pero algunos opinan que no basta con permanecer en silencio un minuto y luego repartir octavillas[10] 25

---

1 apartarse: *aquí* dejar libre el camino
2 la nuca: Nacken
3 la tromba: heftiger Sturm
4 la apisonadora: Straßenwalze
5 avasallador/-a: überwältigend
6 la estampida: la huida
7 la estela de sudor: Schweißwolke
8 pastoso/-a: klebrig, breiig
9 tenso/-a: angespannt
10 repartir octavillas: Flugblätter austeilen

llamando a la concordia[1] y a la tolerancia; quieren que
demostremos nuestra fuerza. No es que pretendan que
vayamos por ahí rompiendo farolas, sino que nos acerquemos
hasta la Puerta del Sol para que alguno de nosotros dé un
5 discurso.

La Puerta del Sol está a dos pasos, pero allí se encuentra
el gobierno regional y mucha policía. En el permiso nos
han especificado que no salgamos de la plaza Mayor, que
sólo allí garantizan nuestra seguridad. La mayoría hemos
10 decidido atenernos[2] al plan primitivo. No queremos ninguna
demostración de fuerza. Somos lo que somos y estamos donde
estamos. El que nos vean —y cuantos más nos juntemos
mejor— justificará con creces[3] lo que pretendemos. Lo que sí
ha sido aprobado es que incluyamos en nuestras pancartas,
15 junto a la foto de la dominicana asesinada, la de los dos
chicos que también lo fueron en Alcorcón y Fuenlabrada.

Otro motivo de encontronazo[4]. Decían que esos chicos
eran blancos, que eran madrileños, y que no tenían cabida[5]
en una manifestación contra la xenofobia y el racismo. Pero
20 yo el primero y, afortunadamente, otros muchos conmigo
pensamos que han muerto por lo mismo que nosotros: por
ser diferentes. Los dos chicos se llamaban David. ¿Una
casualidad que los verdugos[6] hayan elegido a chicos
con nombre judío? ¿Acaso estos verdugos no exaltan[7] lo
25 nazi y desprecian a la raza inferior, aunque ésta aparezca
únicamente en el nombre? Por lo tanto, nos manifestaremos
en silencio y orden en la plaza Mayor, rindiendo homenaje[8]

---

1 la concordia: Eintracht
2 atenerse a alg. o a/c: *aquí* respetar, seguir a/c o alg.
3 con creces: *aquí* suficientemente
4 el encontronazo: *fam.* el enfrentamiento
5 no tener cabida: *hier* nichts zu suchen haben
6 el verdugo: Henker
7 exaltar: erheben
8 rendir (e>i) homenaje: jdm. huldigen

a nuestros muertos. Lucrecia, David y David. Todos son nuestros muertos. Pero ha sido desagradable ver cómo incluso entre nosotros hay fricciones[1], y cómo los que ayer creías tus amigos ahora te miran de forma atravesada[2] porque no estás de acuerdo con sus propuestas, que además son las de una pequeña minoría.

He decidido ser, además de organizador, miembro del servicio de orden. Y salir cuanto antes de nuevo con Eva. No tengo su teléfono, no me lo ha querido dar. Tendré que verla en clase. Y la invitaré a que venga a la manifestación. Espero no llevarme una desilusión si se niega. Está en su derecho a negarse, a fin de cuentas la conozco desde hace tan poco... Pero me gustaría mucho verla allí, con nosotros, conmigo.

Algún día, tal vez, le deje leer este diario, y entonces le explicaré que lo he escrito pensando en ella. Incluso cuando hablo de otras cosas estoy pensando en ella. En Eva. En sus ojos preciosos, en sus manos, en su manera de sonreírme, en sus... ¿cómo se dice?... en sus pecas.

¿Será verdad que se puede sufrir mucho con el amor?

Vamos, Saïf, corta el rollo[3] y a lo tuyo, que se te está haciendo tarde.

---

1 hay fricciones: hay disputas
2 atravesado/-a: malo/-a
3 cortar el rollo: *fam.* dejar, terminar a/c

1. Presenta a Saïf y explica por qué está en España.
2. Describe y comenta la actitud de Saïf acerca del racismo en España.
3. Eva le cuenta a Saïf de su hermano y de su orientación política. Escribe el diálogo imaginando la reacción de Saïf.
4. Analiza cómo, en los tres primeros capítulos, el narrador genera empatía en el lector teniendo en cuenta
   - aspectos de la técnica narrativa (perspectiva narrativa, el lenguaje)
   - aspectos del contenido.
5. Infórmate sobre el reino árabe en España en Internet. Formad grupos y exponed vuestras informaciones.

4 Manu

—¿Vas dejar las cosas así? —le preguntó Wotan mientras escupía[1] sobre sus botas antes de sacarles brillo con un trapo viejo.

Manu le miró como si no entendiera lo que decía su compañero. En realidad no deseaba entenderle. 5

—¿Qué cosas?

—Las de tu hermana con ese montón de betún[2].

A Manu se le revolvían las tripas hasta un punto tal que nadie de los allí presentes podía siquiera imaginar. Le repugnaba[3] que Wotan le hablara de su hermana, pero también que pudiera ser verdad lo que decía aquel asqueroso. 10

¿Cómo era posible que Wotan fuera un cabeza rapada como él, o como Águila Juan, o incluso como Teo, tan dispuesto y aplicado? Wotan podía haber caído en cualquier banda urbana, cuanto más vulgar más acorde[4] a sus características. Con Harley Davidson sería un motero o 15 incluso un Ángel del Infierno[5]; con el pelo verde, un *punk*y, o un *gore* sí se atravesara los pezones[6] con clavos y las orejas con imperdibles[7] satánicos.

Lo peor de todo es que tenía razón: él no podía permanecer impasible ante algo tan repugnante. Y no se trataba 20 sólo de hablar con ella, ni de advertirle como si fuera una

1 escupir: spucken
2 el betún: producto para limpiar los zapatos
3 repugnar: abstoßen, widerstreben
4 acorde a a/c: conforme a a/c
5 el Ángel del Infierno: un miembro del grupo rockero *Hell's Angels*
6 el pezón: Brustwarze
7 el imperdible: Sicherheitsnadel

quinceañera[1] a la que se amenaza con no salir el domingo si
llega tarde a casa por la noche.

—Eso es cosa mía —replicó dándole la espalda.

—Claro, macho, por eso te lo digo.

5 —Comprendido, corta.

—Vale, vale, ya está.

—Pues eso.

Manu no podía aguantar por más tiempo la mirada
de Wotan. La sentía en su nuca, igualita al aliento de un
10 moribundo[2], putrefacta[3], como lo sería la boca del moro que
pretendía[4] a Eva. Y si el otro no se callaba iba a empezar por
él, allí mismo, delante de todos, ¿qué más daba?

La Sangre del Poeta estaba a rebosar[5]. En la barra no
cabía ni un piojo[6] y Águila Juan tuvo que abrirse paso a
15 codazos[7] entre el personal. Estaba eufórico cuando entró en
la parte trasera.

Se cuadró ante la bandera con la esvástica[8], mientras Teo
le lanzaba a Manu una mirada de saludo, como indicando
que ya estaba allí, y que si había venido con Águila Juan era
20 por algo fortuito[9].

—¡Ya está! —exclamó Águila Juan remangándose la
camisa y mostrando ostensiblemente sus tatuajes—. ¡Servicio
de orden!

Se echó a reír mientras los demás le rodeaban.

25 —¿Servicio de orden? —preguntó uno de ellos sacando
pecho.

---

1 la quinceañera: chica de quince años
2 el/la moribundo/-a: persona que está a punto de morir
3 putrefacto/-a: faulig, verrottet
4 pretender: umwerben
5 rebosar: estar muy lleno/-a
6 el piojo: Laus
7 a codazos: con los codos (mit Ellbogenstößen)
8 la esvástica: Hakenkreuz
9 fortuito/-a: cosa que sucede por casualidad

—Orden y vigilancia, servicio de protección y seguridad. Nosotros. Y además con todas las bendiciones de la directiva. ¡Esos catalanes van a tener que comprar toneladas de vaselina para que su bandera les entre por el culo!

La noticia era fabulosa. Ellos, mezclados entre los Ultra Sur, serían los encargados de que el partido de alto riesgo transcurriera sin percances[1]. Sin percances para ellos. Dentro del estadio, nada de nada.

—¿Pero y si empiezan los otros?

Águila Juan se encogió significativamente de hombros. Ante un caso así, si eran atacados por los sucios separatistas[2], tendrían que «defenderse».

—¡Nos defenderemos, claro que sí! —exclamó Wotan.

Manu le miró con desprecio. Un skinhead no se defiende nunca, ¡ataca! Wotan no había captado la ironía de Águila Juan, como por lo visto algunos de los directivos del equipo blanco no habían comprendido la paradoja[3] que significaba confiar la tranquilidad de aquel Real Madrid-Barcelona a los que se encontraban celebrándolo en la trasera de *La Sangre del Poeta*.

Manu, todavía quemado por la posibilidad de que Wotan tuviera razón, quiso pensar en otra cosa. En el nombre de aquel local, por ejemplo. Unos decían que tenía que ver con un escritor francés, pero él estaba seguro de que tenían razón los que afirmaban que aquella sangre era la de un poeta español fusilado hacía sesenta años[4]. Y bien fusilado, por mariconazo[5]. ¿Qué sociedad le había tocado a él vivir en la que se proclamaba que aquel poeta era uno de los

---

1   sin percances: sin incidentes, sin tumulto
2   los separatistas: *aquí* los catalanes
3   la paradoja: la absurdidad, la contradicción
4   se refiere al célebre poeta Federico García Lorca, asesinado en 1936 por orden de Franco, entre otras razones por ser homosexual
5   por mariconazo: por ser homosexual

grandes, e incluso se le dedicaba un paseo al lado de su casa, cuando no merecería siquiera haber nacido?

Águila Juan parecía haber captado algunas briznas[1] de su pensamiento, porque de forma ampulosa[2], intentando como siempre politizar el acto, pronunció en voz alta unas palabras que leyó de un libro titulado *Mein Kampf*:

—«El que renuncia a luchar en un mundo cuya ley es una lucha incesante, no merece vivir».

Volvió a cuadrarse, pero los demás estaban más interesados, e incluso inquietos, por el partido de fútbol del domingo que por las teorías de un extranjero muerto hacía un montón de años, por muy Hitler que se llamara.

—No olvidéis la consigna[3]: «¡Bicéfala!».

Era una palabra que le encantaba: águila bicéfala, águila de dos cabezas, águila imperial por Dios y por la Patria.

Cada vez que salían de misión, solía utilizar esa consigna con la que el grupo se ponía en marcha.

—¿Cómo vamos a esconder las cadenas?

—Eso es demasiado tosco[4]. Hay que llevar pinchos[5] por lo que pueda pasar.

Las cadenas eran efectivas para alejar a los grupos que se acercaban demasiado. Pero los pinchos —navajas automáticas, punzones[6], destornilladores y hasta garfios manipulados[7]— eran imprescindibles en el cuerpo a cuerpo. Las cadenas herían y llegaban a romper alguna que otra costilla[8], pero los pinchos, bien manejados, podían dejar un

---

1 la brizna: *aquí* Funken
2 ampuloso/-a: schwülstig
3 la consigna: Losung, Kennwort
4 tosco/-a: *aquí* peligroso/-a
5 el pincho: Spieß
6 el punzón: *hier* Art Stichwaffe
7 el garfio: Haken
8 la costilla: Rippe

recuerdo indeleble[1], obligando al contrario a abandonar el lugar del enfrentamiento con los pies por delante. Además, el único que podía llevar cadenas, porque era el único que sabía utilizarlas de forma efectiva, era Águila Juan.

Manu llevó su mano a la trasera de su pantalón, donde reposaba, siempre dispuesta, su navaja barbera.

Teo, en un gesto mecánico como solía ser habitual en él, hizo lo propio. Sólo que en su pantalón no había arma, sino unos billetes de metro, unos condones en su funda de papel de plata[2] y unas cuantas pesetas, pocas y arrugadas.

Manu salió al patio a respirar un poco de aire frío.

Contempló la luna en cuarto menguante[3] y las nubes que amenazaban nieve de nuevo, y echó vaho expulsando el aire de sus pulmones.

Odiaba las navidades que se acercaban, la alegría de las gentes, las calles iluminadas y los árboles cargados de falsos regalos.

Odiaba el invierno porque sentía frío y su uniforme no se lo quitaba.

Odiaba a los que no odiaban lo que él.

Se dijo que tenía que concentrarse en el partido del Bernabéu[4]. Sería un buen entrenamiento para lo que estaba forjándose[5] en su pensamiento. Porque, desde que la boca sucia de Wotan había mencionado a su hermana, Manu sabía que de ser cierto aquello la solución tendría que ser drástica. O como diría Águila Juan y su admirado Führer nazi, una solución final, definitiva.

Pero aquello, cuando tuviera lugar, no iba a ser obra del grupo, sino sólo suya. ¿Cómo podía pensar siquiera que

---

1   indeleble: inolvidable
2   la funda de papel de plata: Hülle aus Silberfolie
3   la luna menguante: abnehmender Mond
4   Bernabéu: nombre del estadio del Real Madrid
5   forjar (planes): (Pläne) schmieden

Wotan estuviera a su lado, ensuciando a su hermana con la mirada?

Manu se volvió para regresar a la reunión, y se dio cuenta de que Teo le estaba mirando.

5 —¿Quieres tomar algo, te apetece? Te invito.

Teo asintió con timidez. No tenía ganas de beber nada, pero estar junto a Manu era para él todo un honor.

El local seguía hasta los topes[1] y Manu no estaba dispuesto a esperar turno. Con gesto brusco apartó a un 10 obeso[2] bebedor de la barra, cuyo volumen dejó sitio para ellos dos.

Éste intentó protestar, pero se movía torpemente[3]. Tenía muchos kilos y posiblemente demasiadas copas como para reaccionar con ligereza. Además sus dos manos estaban 15 ocupadas, la derecha por un vaso de whisky, la izquierda por un cigarrillo con boquilla color corcho[4].

—¡Eh, oye, tú, pelón[5], quién te crees que eres!

Manu no le respondió, limitándose a pedir al camarero unas bebidas que levantaran su estado de ánimo. Pero el 20 obeso siguió protestando.

—¡Te estoy hablando a ti, cabeza de melón!

Sus amigos primero intentaron llevárselo de allí, pero al ver que insistía se retiraron discretamente esperando lo peor.

25 Sin embargo el interés de Manu por el gordo era nulo. Probaba la bebida que acababan de servirle, indicando por señas que estaba un poco baja de tonelaje[6].

---

1 hasta los topes: muy lleno, repleto/-a
2 obeso/-a: muy gordo/-a
3 torpemente: ungeschickt
4 la boquilla de color corcho: korkfarbige Zigarettenspitze
5 pelón/-ona: calvo/-a o con el pelo rapado
6 estar bajo/-a de tonelaje: *fam.* no contener mucho alcohol

El gordo dejó el vaso, y parecía disponerse a tomar una decisión. Respiró profundamente y echó su brazo derecho hacia atrás.

Pero su gesto, que buscaba sin duda dar un fuerte puñetazo[1] en la nuca de Manu, quedó interrumpido por algo que hizo Teo. Con total tranquilidad, como si allí mismo no se estuviera forjando una insoportable tensión[2], le quitó al bebedor el cigarrillo de su mano izquierda. Por un momento, ante la sorpresa del gordo, sopló en su punta, haciendo que se desprendieran brasas incandescentes[3]. Inmediatamente después, Teo aplastaba el cigarrillo[4] contra el grueso y colorado cuello del obeso, que lanzó un grito de animal degollado[5]. Sus amigos aprovecharon para llevárselo, intentando calmar la quemadura[6] con el hielo de los cubitos[7] que el camarero utilizaba para refrescar las bebidas.

Manu ni siquiera miró a Teo, pasándole el vaso que había pedido. La bebida tenía un color cobrizo[8] sobre el que incidían[9] los reflejos del establecimiento.

Teo bebió en silencio, pero íntimamente orgulloso por haber podido servir a su amigo. Le hubiera gustado no ya que le dijera unas palabras de agradecimiento, o que le diera unas palmaditas[10] en los hombros. Eso eran gestos para los otros, los que no vestían su uniforme ni pensaban como ellos, pero al menos una mirada, una sonrisa. Era igual. Lo

---

1   el puñetazo: Faustschlag
2   forjar una insoportable tensión: eine unerträgliche Spannung aufbauen
3   desprender brasas incandescentes: glühende Funken versprühen
4   aplastar un cigarillo: eine Zigarette ausdrücken
5   degollar (o>ue): cortar el cuello o la garganta a un animal
6   la quemadura: Verbrennung
7   el cubito: Eiswürfel
8   cobrizo/-a: kupferfarben
9   incidir: *hier* sich spiegeln
10 la palmadita: Klaps

importante era estar a su lado y sentirse aceptado por él.
Y por él, por su amigo Manu, no sólo volvería a aplastar el
cigarrillo incandescente en el cuello del cerdo aquel, sino
que llegaría a lo máximo si Manu se lo pedía. Sólo tenía que
5 decirle: «Teo, haz esto», y él lo haría. «Teo, hazme aquello»,
y él cumpliría su deseo.

—Vamos.

Ni siquiera acabaron sus bebidas, que abandonaron sobre
el mostrador[1]. El hueco[2] que dejaron al irse tardó tiempo en
10 volver a ser ocupado.

* * *

La Castellana estaba bloqueada. Los autobuses aparcaban
a ambos lados de la calzada[3] y las calles adyacentes[4]
estaban cortadas al tráfico. Los controles eran rigurosos.
Incluso los vecinos de las casas próximas tenían dificultades
15 para acceder a sus viviendas[5]. La policía de Madrid había
desplegado[6] un plan de alta peligrosidad; alarma roja.

El partido no era fundamental para el desarrollo de la Liga,
de la que aún quedaba más de medio campeonato[7], pero se
trataba de una competición de las de alta rivalidad. Y eso
20 siempre implicaba grandes riesgos. Sobre todo, cuando los
presidentes de ambos clubes no eran amigos y echaban leña
al fuego[8] a la polémica cada vez que eran entrevistados.

---

1 el mostrador: la barra (Tresen)
2 el hueco: Lücke
3 la calzada: la calle
4 la calle adyacente: Nebenstraße
5 la vivienda: el piso, la casa
6 desplegar (e>ie): auseinanderfalten
7 el campeonato: Meisterschaft
8 echar leña al fuego: *loc.* Öl ins Feuer gießen

La agresividad parecía más propia de una contienda[1] medieval que de un espectáculo deportivo, pero, aun así, los dirigentes de los dos equipos querían que ganara su equipo, sí, que machacara[2] al contrario, si era posible, pero dentro de la normalidad. Aunque para ello tuvieran que recurrir a 5 métodos fuera de lo normal.

El domingo amaneció nublado, y con un desacostumbrado silencio. Por la noche había hecho mucho frío. Los termómetros llegaron a señalar los ocho grados bajo cero y, según las informaciones de los periódicos, un mendigo acababa de 10 morir porque el corazón se le había congelado.

Manu, Teo y los demás se colocaron gruesos jerséis bajo las chupas. Mejor que hiciera frío, porque al ir más abrigados sería más difícil dar con[3] las armas que llevaban escondidas. E incluso, en caso de agresión, la abundante ropa de lana 15 podría protegerlos como si fuera una malla[4].

Águila Juan les sugirió que, para pasar lo más desapercibidos[5] posible, cubrieran sus cabezas con boinas o gorros. Él mismo utilizaba una Kangol[6] con visera[7] puesta al revés, que mostraba un dibujito con un canguro. 20

Manu se colocó un pasamontañas[8] que era más útil si además quería pasar desapercibido. Bastaba con tirar de la parte doblada para ocultar su rostro, dejando al descubierto únicamente sus ojos. A Manu le gustaba mirar a través del pasamontañas porque sabía que aquello acentuaba la fuerza 25 de su mirada. Le bastaba con mirar a alguien directamente

---

1 la contienda: la batalla
2 machacar: *aquí* vencer totalmente
3 dar con a/c: encontrar a/c
4 la malla: *hier* Schutzwall
5 desapercibido/-a: unbemerkt
6 una (gorra) Kangol: Kappe der Marke Kangol
7 la visera: Schirm (einer Mütze bzw. Kappe)
8 el pasamontañas: Kopfbedeckung, die nur die Augen unbedeckt lässt

para que éste sintiera pavor[1]. Y esa sensación de la víctima transpirando, retirándose a su paso, suplicando que no interviniera, le llenaba de desprecio por los inferiores y de orgullo por lo que había conseguido por sí mismo, la sumisión
5 de los demás, de todos aquellos que formaban una sociedad despreciable donde sólo los ricos tenían derechos, donde sólo los políticos de uno u otro bando se creían dueños del mundo.

Escupió y antes de cubrirse con el pasamontañas se pasó
10 la mano por la cabeza rasurada. Era voluptuoso hacerlo, una sensación que iba más allá del placer y que conseguía transmitirle toda su fuerza interior.

Si seguía al lado de Águila Juan era porque, aunque por distintos caminos, ambos buscaban lo mismo: mandar al
15 mundo a la mierda. Águila Juan, creyéndose todo lo que leía, siguiendo los panfletos, saludando marcialmente[2] a una bandera. Él, actuando directamente contra todos los que no merecían vivir en aquella ciudad porque no era su ciudad. Sabía lo importante que eran las diferencias del planeta
20 Tierra, que hubiera tontos y listos, incluso razas de todos los colores y gentes de todos los idiomas. Pero cada cual en su casa, no en la de los demás.

A Manu le gustaban los gorilas, los documentales sobre aquellos grandes simios[3]. Pero una cosa era el cine, verlos
25 en la selva, incluso en el zoo, y otra que se pasearan tan ricamente por la Gran Vía dirigiéndose a uno de tú a tú. Inadmisible y grotesco. Contra eso luchaba y seguiría luchando, aunque tuviera que enfrentarse a su hermana.

¿Dónde estaría Eva en aquellos momentos?
30 Manu fue a la habitación de la muchacha y contempló su cama deshecha. Sin duda se había levantado un poco tarde,

---

1 el pavor: el espanto, el horror
2 marcialmente: kriegerisch
3 el simio: el mono

y al salir apresuradamente[1] no le dio tiempo a hacerla. Se sentó durante unos segundos en la cama, acariciando con sus manos la sábanas que aún conservaban el olor de Eva, ese olor que se va acumulando durante la noche en una habitación cerrada. Podría haber abierto la ventana, a pesar del frío, aunque sólo fuera unos minutos, para airearla. Pero prefirió conservar aquel aroma. Luego, hizo la cama con un cuidado desacostumbrado en él, alisando los pliegues[2], estirando las arrugas[3], retocando hasta la más pequeña de las imperfecciones de la colcha[4].

Momentos después ensayaba el puño americano, probaba que la navaja barbera abriera y cerrara con rapidez, y al ver que se atascaba[5] en un determinado punto, buscó en la cocina un poco de aceite para suavizar aquel obstáculo del mecanismo.

Al dejar la botella de nuevo en la alacena[6], tuvo una idea y regresó al cuarto de baño. Una vez allí miró hacia el suelo. La escobilla del retrete seguía en su sitio, sobre una baldosa que reconocía perfectamente. Por un instante notó cómo el siroco comenzaba a soplar en su cabeza y se preguntó si no sería prudente ir armado al estadio. Casi al mismo tiempo se dijo que quizás lo imprudente sería hacerlo. Además, la pistola sólo debía utilizarse en casos muy especiales, no tenía más que un cargador[7], unas cuantas balas; y un partido de fútbol, por mucho jodido Barça que fuera, no merecía el honor de que él metiera el cargador y estuviera listo para disparar.

---

1   apresuradamente: con prisa
2   alisar los pliegues: die Falten glätten
3   estirar las arrugas: die Falten glatt streichen
4   la colcha: Tagesdecke
5   atascarse: *aquí* pararse, detenerse
6   la alacena: Speiseschrank
7   el cargador: Magazin

El siroco, sin embargo, siguió soplando y le llevó hacia una idea fija que se había asentado en su corazón como un tumor. Para apartarla buscó una cerveza en la nevera, pero sólo encontró leche y coca-cola.

5   Regresó al cuarto de baño y apuró de un trago[1] el alcohol de 96° que guardaban para limpiar heridas. El alcohol cayó sobre su estómago como fuego, pero al menos apartó de su cabeza el siroco; de momento.

—¿Estamos listos?

10   Más que una pregunta era como la consigna que les ponía en acción. Les habían dado entradas para que se colocaran detrás de la portería[2], con los Ultra Sur. Su obligación, por la que les pagaban veinte mil pesetas[3] a cada uno, era la de evitar disturbios[4] y, caso de que se produjeran, aislar

15 a los responsables, e incluso entregarlos a la autoridad competente.

Águila Juan se reía en su interior, Wotan se rió a carcajadas[5] cuando vio la gran mole[6] blanca del estadio.

—¡Caña, caña[7] pa el mono culé[8]!

20   Se veían banderas blancas y banderas rojas y azules, multitudes con bufandas, gorras y hasta con pancartas. Todos eran cacheados[9] a la entrada, apartando los objetos peligrosos o supuestamente contundentes[10]; sólo pasaban el filtro las botellas de plástico de agua mineral o los paquetes

25 de donuts.

---

1   apurar de un trago: beber de un trago
2   la portería: Tor
3   veinte mil pesetas equivalían aprox. a 120 euros
4   el disturbio: el enfrentamiento
5   reírse (e>i) a carcajadas: aus vollem Halse lachen
6   la mole: la masa (de personas)
7   ¡caña!: *fam.* gib's ihm!
8   el culé: *vulg.* Anhänger des FC Barcelona
9   cachear: *fam.* durchsuchen, filzen
10 el objeto contundente: objeto que puede ser utilizado como arma

La risa de Wotan se le cortó en seco cuando el portero le
pidió la documentación. No por el hecho en sí, sino porque
el muy desgraciado iba pronunciando en voz alta el nombre
de los que iban llegando.

—Teodoro Fresnedilla Ribera. 5

Teo cruzó el control.

—Manuel Gómez Jiménez.

Y pasó Manu.

—David Cortés Hurtado.

Manu le miró con una sonrisa que significaba todo el 10
desprecio que sentía por él. Wotan, con su falso nombre de
Dios nórdico, se llamaba realmente David. Como los dos
chicos asesinados. David, como el rey símbolo de aquellos
a los que más odiaba: los judíos. Por eso se había escondido
bajo aquel ampuloso apodo[1]. Pero ahora el portero del 15
estadio le había humillado públicamente.

Wotan le arrebató[2] violentamente el carné de identidad,
tan violentamente que la cartulina plastificada[3] casi le hizo
al controlador un corte en la mano. Por un instante ambos
se miraron como midiendo sus fuerzas. En los ojos de Wotan 20
había un «ya me las pagarás»; en los del portero, «si supieras
lo que pienso de ti, asqueroso jovencito». Pero la multitud
que empujaba por detrás resolvió el conflicto.

David Cortés Hurtado, más conocido como Wotan, guardó
precipitadamente su carné sin poder evitar enfrentarse a la 25
sonrisa burlona[4] de Manu.

—¿Qué pasa?

—Tú sabrás.

—Pues eso.

Águila Juan intervino. 30

1 el ampuloso apodo: schwülstiger Spitzname
2 arrebatar a/c: quitar rapidamente a/c
3 la cartulina plastificada: eingeschweißte Pappe
4 burlón/-ona: spöttisch, höhnisch

—Vamos a lo que vamos.

Parecía un circo romano. Más de cien mil espectadores apiñados[1], unidos y tensos, excitados por el futuro resultado, vibrantes por el espectáculo que, en pocos minutos, iba a
5 desarrollarse ante sus ojos.

Los espectadores de las primeras filas habrían de contemplar el partido a través de unas rejas[2], mientras la policía paseaba por el borde del césped con sus perros de presa[3], especialmente adiestrados[4]. El murmullo se convirtió
10 en clamor[5] con la salida de los jugadores al campo. La emoción atenazaba[6] algunas gargantas, la exaltación hacía que unos y otros profirieran[7] insultos al contrario. Aplausos, bravos, pitos[8], vivas, blasfemias, abucheos[9], amenazas.

Los focos[10] del Bernabéu se desparramaban[11] sobre el
15 césped y las gradas[12], dando la impresión de un inmenso campo de concentración del que nadie podría escapar en los próximos noventa minutos.

Los perros-policía tensaron[13] sus músculos, conectados a la cadena que llevaban su monitores[14] sujeta con guantes de
20 cuero negro. Para los animales debía de ser un momento especialmente excitante, cargado de presagios[15] y también

---

1 apiñado/-a: dicht gedrängt
2 la reja: Gitter
3 el perro de presa: Kampfhund
4 adiestrado/-a: gezähmt
5 el clamor: Geschrei
6 atenazar: excitar
7 proferir (e>ie): *aquí* gritar
8 el pito: *hier* Pfiff
9 el abucheo: Buhrufe
10 el foco: Scheinwerfer
11 desparramarse: *hier* erstrahlen
12 la grada: (Sitz)Reihe
13 tensar los músculos: die Muskeln anspannen
14 el/la monitor/a: el/la entrenador/a
15 el presagio: *aquí* Vorahnung

de posibilidades. Habían sido adiestrados para atacar y sólo esperaban la orden. Entonces cumplirían fielmente su misión y recibirían el agradecimiento de su amo.

Manu tanteó[1] el lugar donde había escondido la navaja. Entonces su mano tropezó con otra mano. Era la de Teo, que sonreía. Manu no entendía lo que el alevín le quería decir, pero lo comprendió en seguida, siguiendo su mirada. También el más joven se burlaba del verdadero nombre de Wotan. Era una vergüenza que un cabeza rapada se llamara David o Abraham, Moisés o Salomón. Y con ese gesto, además, le indicaba que pasara lo que pasara aquella noche él estaría a su lado.

Manu entornó levemente los ojos[2]. Cualquiera que le observara pensaría que tenía la mirada perdida en el infinito. Pero Teo no. Teo sabía lo que Manu miraba; a quienes miraba Manu.

Al otro lado del estadio, con todo el campo por medio, estaban sus enemigos. Los Boixos Nois[3], con sus bufandas, gorras y carracas[4] azulgranas[5].

En ese momento se escuchó un pitido[6]. Manu notó cómo el viento soplaba a su alrededor; tal vez se trataba del anuncio de un cercano siroco. Un grito atronador[7], más parecido al chasquido del percutor[8] al golpear la bala, le envolvió haciendo que, por unos instantes, ni siquiera supiera dónde se encontraba.

El partido acababa de comenzar.

---

1 tantear: *hier* abtasten
2 entornar los ojos: die Augen zusammenkneifen
3 los Boixos Nois: miembros del Boixos Nois, grupo de aficionados del FC Barcelona con ideología de extrema derecha
4 la carraca: la basura
5 azulgrano/-a: azul y rojo, colores del FC Barcelona
6 el pitido: Pfiff
7 un grito atronador: dröhnender Schrei
8 el chasquido del percutor: Knallen eines Schlagbolzen, -hammers

5 Eva

Miraste tu cama; jurarías que te habías marchado de casa
sin hacerla. Si era así, ¿desde cuándo tu hermano se preocu-
paba de esas cosas? En el fondo te gustó porque, de alguna
forma, te acercaba un poco más a él.

5   Qué difícil era seguir sus pensamientos. A tus ojos Manu
era una persona impenetrable[1]. Sólo supiste que se había
unido al grupo cuando le viste pasar una maquinilla por
su cabeza; una maquinilla primero, una navaja barbera
después y siempre, a partir de entonces. Tampoco supiste el
10 porqué, y eso que se lo preguntaste hasta que te cansaste de
su silencio. Para intentar ablandar[2] su corazón, le hablabas
de los niños turcos asesinados en Alemania; de la mujer
embarazada pateada[3] en la zona de La Défense de París;
o aquella pareja de homosexuales quemados dentro de su
15 cabaña de madera[4] en Georgia, Estados Unidos.

Manu cerraba los ojos, una de las venas de sus sienes[5]
se hinchaba palpitante[6] a la vez que movía la cabeza
lentamente, de un lado a otro, como si quisiera apartar de sí
algún mal pensamiento. Luego, si por fin se animaba a abrir
20 la boca, solía decir siempre las mismas palabras:

—Las mujeres no sabéis lo que está pasando, no tenéis
ni puta idea.

---

1 impenetrable: inaccesible, incomprensible
2 ablandar: erweichen
3 patear: dar golpes con los pies
4 la cabaña de madera: Holzhütte
5 la sien: Schläfe
6 hincharse palpitante: pochend anschwellen

—¡Pues dímelo tú! —insistías como una réplica angustiosa[1], deseando conocer sus motivos.

—Es mejor que no lo sepáis —añadía como si quisiera apartarte de algún peligro. Como si él fuera tu parapeto y tu coraza[2].⁣ 5

No conseguías sacarle otras palabras. A veces te enfrascabas[3] en tus estudios; otras, más enfadada o incluso furiosa, te ibas a la calle para despejar la cabeza[4]. Si hubieras nacido en otro lugar de Madrid, ¿Manu hubiera sido así? Y sabías de sobra la respuesta: había montones de lugares en Madrid en 10 los que nada habría cambiado. Villaverde, Parla, Entrevías, Cerro de la Mica, San Cristóbal de los Ángeles, y cientos y cientos de descampados[5] donde la chabola[6] y la miseria eran ley. Pero al mismo tiempo te indignabas[7] por aquella selección tan negativa. Porque estabas segura de que en San 15 Cristóbal de los Ángeles, Cerro de la Mica, Parla, Entrevías o Villaverde, pasaría lo mismo que en tu pueblo-villa de Vallecas: que algunos se atrevían a elegir. Que no sólo se dejaban llevar por la corriente, la desolación o el odio.

Por ejemplo: tú.⁣ 20

¿Había diferencia entre Manu y tú? ¿Todos los hombres eran como Manu?

Cuando conociste a Saïf, sentiste una bocanada de aire fresco[8] en tu vida. No sólo te gustaba verle en clase, tan atento a los estudios y tan pendiente[9] de ti, con su gorro de 25

---

1 angustioso/-a: miedoso/-a, temeroso/-a
2 tu parapeto y tu coraza: *lit.* tu protección
3 enfrascarse en a/c: sich in etw. vertiefen
4 despejar la cabeza: seinen Kopf frei machen, einen klaren Kopf bekommen
5 descampado/-a: sin casa
6 la chabola: Baracke, Slumhütte
7 indignar(se): ofender(se)
8 la bocanada de aire fresco: frische Brise
9 pendiente: *aquí* atento/-a

lana color granate que le llegaba hasta las orejas, su parka azul marino tan parecida a la tuya; sino que además sentías que su presencia era para ti como la llave que podría abrir la puerta, como una especie de motor capaz de empujar
5 definitivamente tu barca.

—En mi pueblo no hay mar —te dijo la primera vez que le hablaste con esa metáfora—. No mar, no barca.

—Aquí en Madrid tampoco tenemos mar, pero tenemos barcas.

10 —¿Sí?

—En El Retiro[1], en la Casa de Campo. En el estanque, en el lago, ¿comprendes? —respondiste muy seria, como si estuvieras impartiendo una clase magistral[2].

En el fondo te encantaba verle vacilar[3] con el idioma; tal
15 vez porque en esos momentos te sentías un poco más segura y fuerte. Al contrario que en el supermercado, cuando se acercaba a pagar algún tipejo[4] dándoselas de premio Nobel[5], y en realidad era más redicho[6] que algunos presentadores de televisión.

20 —En mi pueblo no hay estanque, no lago.

—¡Qué pena! —respondiste con gesto de fingida desesperación—, porque me gustaría remar[7] a tu lado.

—¿Remar? ¿Qué es remar?

Saïf no conocía aquel verbo y tú se lo mostraste por ges-
25 tos, cerrando los puños al mismo tiempo que los ojos, para

1 el Retiro: gran parque en le centro de Madrid
2 impartir una clase magistral: eine Vorlesung halten
3 vacilar: *aquí* dudar, tener dificultades
4 el tipejo: *vulg.* tipo
5 darselas de premio Nobel: *fam.* sich als Nobelpreisträger aufspielen
6 redicho/-a: affektiert, gekünstelt
7 remar: rudern

sentirte flotando sobre las aguas, escuchando el chapoteo[1] de las maderas[2] al hendir[3] la superficie.

—Yo no conozco las barcas de Madrid. ¿Tú me llevarás para verlas? —dijo ladeando[4] la cabeza en aquel gesto tan suyo. 5

Te echaste a reír, como hacía él a menudo cuando vuestros idiomas se entrelazaban como enredaderas[5] en un muro de piedra. Entonces comprendió la broma, a la vez que dejasteis para más adelante —«¡quizás cuando haga buen tiempo, allá para la primavera!»— la cita con el lago o 10 el estanque.

¿Recuerdas su primer beso? La pregunta es absolutamente tonta. ¿Quién no recuerda el beso que nos da alguien por primera vez? Además, fue en el portal de tu casa. Entre la duda de ser interrumpida y el temor a ser descubierta. 15

Primero cogió tus manos entre las suyas. Acababas de decir que tenías mucho frío, que los dedos se te habían quedado como carámbanos[6]. Echó el aliento sobre ellos, intentando calentártelos, pero seguías teniendo las yemas[7] heladas. 20

Entonces te pidió permiso. No sabías muy bien para qué, pero cuando caíste en la cuenta[8] ya estaba hecho. Cogió tu mano derecha y la introdujo bajo su jersey. Notaste la camisa primero, los botones que le dejaban paso después; hasta llegar a rozar su pecho para acabar siendo acogida 25

---

1 el chapoteo: Plätschern
2 la madera: *hier* Ruder
3 hendir (e>ie): romper
4 ladear: inclinar
5 entrelazarse como enredaderas: sich wie Kletterpflanzen verflechten
6 el carámbano: Eiszapfen
7 la yema: Fingerkuppe
8 caer en la cuenta: *fam.* kapieren

en su axila[1] izquierda. Nunca imaginaste que alguien se
atreviera a una cosa así.

—Lo hacen los nómadas en las frías noches del desierto.

—¿Frío en el desierto?

5 Pensaste que, una vez más, había utilizado las palabras
de forma equivocada. Pero pronto comprendiste que había
querido decir exactamente aquello.

—De noche hace mucho frío en el desierto. Por eso tengo
un gorro de lana.

10 Extraño lugar, pensaste, donde de día había que llevar
turbante[2] y de noche gorro de lana. Pero estabas intentando
imaginarte aquel paisaje sólo contemplado en el cine,
cuando comenzaste a notar que tu mano se calentaba, que
el frío desaparecía de los dedos; y lo que era más insólito[3] en
15 ti, que deseabas continuar así y que, incluso, no deseabas
que terminase nunca. Se acercó lentamente a ti, ¿o fue sólo
su cara la que buscó la tuya ya de por sí bastante próxima?
Ahora sentías su aliento en tus labios, avanzando por el
aire como una masa de niebla en busca de los juncos de la
20 orilla[4].

Anteriormente, cuando alguien te había besado, cerrabas
los ojos. No sé, tal vez para sentir mejor, o porque te invadía
un pequeño o gran pudor, no sé. Pero en aquel momento
permaneciste atenta, sabiendo lo que se aproximaba,
25 deseándolo vivamente, y no queriendo perderte ni un solo
detalle de aquellos labios, boca, dientes, carne, piel, olor,
dulce sabor de Saïf. Notaste cómo el viento del desierto
te acariciaba la nuca, ascendía[5] por tu cuello, jugueteaba

---

1 la axila: Achsel(höhle)
2 el turbante: Turban
3 insólito/-a: raro/-a, extraño/-a, inhabitual
4 los juncos: Schilf
5 ascender (e>ie): subir

con el lóbulo de tu oreja[1]. Y sentiste un estremecimiento[2] desconocido hasta entonces.

Aquel día en el súper[3] no diste pie con bola[4]. Las cuentas no te salían y más de un cliente protestó por tus errores. Hasta la jefa de sección hubo de intervenir.

—¿Qué te pasa, Eva? ¿Problemas en casa?

—No, qué va. Es que me ha empezado la regla y... —dijiste lo primero que se te ocurrió, esperando que la mujer achacara[5] al ciclo femenino el motivo de tantas torpezas[6].

—Tómate un café y a ver si luego todo sale mejor.

La jefa se tragó la bola[7], pero Virginia, tu mejor amiga en el trabajo, quiso saber algo más.

—¿Cómo puedes tener dos veces la regla en quince días? —No es eso —y en cuanto tuviste un momento se lo explicaste con todo detalle.

—¡Un chico! ¿Y tiene los ojos bonitos? —como tardaste en responder, intentando imaginar su mirada, Virginia continuó llena de curiosidad—: ¿Y el culo, estrecho, durito?

Muchas veces habíais bromeado sobre el culo de los chicos que se cruzaban en vuestro camino. A ella le gustan así, duritos y estrechos; a ti un poco más respingones[8]. Pero te costaba pensar en Saïf como en un trasero de tal o cual tipo; es más, ni siquiera te habías fijado en eso.

—¿Que no te has fijado? Pero si es lo primero —Virginia fingió escandalizarse.

---

1 el lóbulo de la oreja: Ohrläppchen
2 el estremecimiento: la emoción
3 el súper: *fam.* el supermercado
4 no dar pie con bola: *loc. fam.* überhaupt nicht zurechtkommen
5 achacar: zuschreiben, zurückführen
6 la torpeza: Ungeschicklichkeit
7 tragarse la bola: *loc. fam.* anbeißen
8 respingón/-ona: abstehend, hochstehend

Tu amiga era gordita y tenía la cara llena de granos[1]. A pesar de que, cuatro años mayor que tú, ya no cumpliría los veinticinco; bromeaba diciendo que aquello era «acné juvenil», pero la verdad es que se sentía una mujer desafor-
5 tunada y con poco éxito entre los chicos.

—Si yo tuviera tus ojos —solía decir con envidia—, tus pequitas, o si al menos pudiera peinarme como tú... —decía pasando la mano por su fosco[2] cabello, del que ni la mejor peluquería del barrio podía sacar partido[3].

10 Virginia, tan importante en tu historia, a pesar de que entonces aún no lo sabías, trabajaba durante el día en el supermercado, contigo; y al atardecer se sacaba un sobresueldo[4] echando una mano en un vivero[5] que había a las afueras de la ciudad. Era un vivero que abría de doce a
15 doce, festivos y domingos inclusive. Lo que para cualquier otra chica hubiera supuesto una esclavitud[6], sobre todo si tenía novio con quien salir, para Virginia era una especie de liberación. El vivero llenaba las horas que no deseaba pasar en su casa, con una madre medio inválida y dominante,
20 que siempre estaba protegiéndola y exigiéndole cuidado y atención.

El vivero... Un edificio de metal y cristal, con zonas cubiertas por plásticos, lleno de plantas y flores, futuros árboles y material de jardinería. Un lugar donde no se notaba
25 el invierno, porque mantenía una temperatura constante.

Ésta era una de las responsabilidades de Virginia, vigilar y mantener la temperatura, para que flores, plantas y futuros árboles no muriesen congelados[7].

---

1 el grano: Pickel
2 fosco/-a: zerzaust
3 sacar partido de a/c: etw. daraus machen
4 el sobresueldo: un sueldo extra
5 el vivero: Gärtnerei
6 la esclavitud: Sklaverei
7 morir congelado/-a: morir de frío

La muchacha era la encargada de cerrar el local por las noches, con el tiempo justo de coger el último autobús, que, para su fortuna, paraba en la misma puerta del vivero, y luego, de regreso, a una manzana[1] de su casa.

Su madre siempre le decía que tenía que dejar aquel trabajo, que terminaba muy tarde, que de noche muchos eran los peligros que podían acechar[2] a una chica joven y sola. Pero Virginia no tenía miedo a la noche ni a los peligros de la ciudad. En su soledad había aprendido a sentirse segura. Y además, ¿qué podía pasar, si sólo tenía que dar unos pasos del vivero a la parada del autobús, y luego, de la parada del autobús a su portal?

Si estuvieras aquí, a mi lado, tal vez me preguntarías, Eva, por qué de repente hablo tanto de Virginia. De cómo es, de su madre, del trabajo que realizaba fuera del supermercado. Pero es que no puedo pensar en ti sin imaginar lo diferente que podría haber sido todo de no haber conocido a Virginia.

En la vida las cosas son así, pequeñas o grandes casualidades, que unos aprovechan y otros no, y que de alguna manera interrelacionan nuestro destino. El autobús que atropella[3] a un niño y que hubiera pasado de largo[4], sin causar el menor accidente, de no haber mediado[5] la pelota que se escapa y cruza la calle, o de haberse detenido el conductor unos segundos más en la parada anterior. O el que, para protegerse de una tormenta, se acoge bajo las ramas del único árbol en el que, desgraciadamente, caerá el rayo[6] mortal.

---

1 la manzana: *hier* Häuserblock
2 acechar a alg.: jdm. auflauern
3 atropellar: überfahren
4 pasar de largo: vorbeifahren
5 mediar: *hier* dazwischenkommen, behindern
6 el rayo: Blitz

—Se llama Saïf, que significa «verano».

—¡Estupendo! —exclamó Virginia llena de satisfacción por vivir, a través de ella, aquel inicio de amor—. ¡Con el frío que hace, un poco de calor nunca viene mal!

5   Los cristales del supermercado —llenos de anuncios de ofertas y de precios aún más bajos— estaban casi por completo empañados[1].

Aquella mañana la calefacción había tardado en funcionar y tú, sin poder evitarlo, mientras te quitabas la bufanda,
10   trazaste[2] con un dedo el perfil de un corazón junto al anuncio de un detergente supercolosal[3]. Luego, repetiste el gesto en el cuarto de baño, al que supuestamente habías acudido para cambiarte de tampón y así ganar unos cuantos minutillos más para tu recuerdo.

15   ¿Era Saïf ya entonces tan importante para ti? Aquella tarde saliste del supermercado decidida a averiguarlo.

---

1   empañado/-a: beschlagen, trüb
2   trazar: *hier* nachzeichnen
3   supercolosal: *fam.* extraordinario/-a

6 Saïf

¡Ay, no sé lo que siento,
no sé lo que pasa,
cuando este maldito amor
me falta!

O algo así. Lo he escuchado varias veces, pero la soprano 5
canta muy deprisa y algunas palabras no las entiendo bien.
Ha sido muy interesante escuchar esta música, porque de
alguna manera conecta con la de mi país. Nació en Granada (todavía tengo que visitar el gran palacio rojo nazarí[1]
Al-hambra) y es normal que lo cristiano y lo musulmán se 10
fundieran en algo tan artístico.

Aparte de todo esto, *El amor brujo*[2] de Manuel de Falla
tiene dentro de sí un fuego que ninguna música árabe
ha conseguido; tal vez para nosotros ese fuego sea algo
próximo al pecado[3], pero a mí me ha gustado sumergirme 15
en él pensando en Eva.

Intento comprender a Boabdil[4], a los Omeya[5], a todos mis
antepasados[6], que estuvieron durante siglos en España, a
través de lo que han dejado. De sus obras y de sus influen-
cias. Pero estoy seguro de que cuando regrese a Marruecos 20

---

1 nazarí: dinastía musulmana que reinó en Granada desde
el siglo XIII al siglo XV
2 *El amor brujo:* ballet escrito por el compositor español
Manuel de Falla en 1925
3 el pecado: Sünde
4 Boabdil: nombre del último rey árabe que reinó en España
5 los Omeya: nombre de una dinastía árabe que reinó en España
6 el antepasado: Vorfahre

ni mi padre ni mi maestro van a comprender mucho de las cosas que les explique. Entre los dos países no sólo hay un estrecho[1], mar y espuma[2], sino también altas montañas, resistentes como el Atlas.

5   Puede que seamos hermanos, sí, o incluso buenos amigos. Pero ¿alguna vez seremos amantes?

Eva estaba hoy más guapa que nunca. Me encantan sus ojos y sus… ¡sus pecas! Me ha dicho que le ha hablado a una amiga suya de lo nuestro, y a mí me ha gustado porque
10 quiero conocer a sus amigos y quiero que ella conozca a los míos.

Aunque no sé lo que pensará de los que viven medio escondidos bajo el puente de Méndez Álvaro, junto a toxicó-manos[3] y ladrones. Viviendo así no es difícil que confundan
15 a los inmigrantes con delincuentes y enfermos.

Ayer estuve visitándolos.

Me ha dicho Mohamed que la policía efectuó una reda-da[4] hace dos semanas y que sólo se llevó a los «morenos». Tal vez es que los drogadictos están más alerta[5], y los que
20 roban o trapichean[6] sean más rápidos, pero el caso es que detuvieron a seis o siete moros, como dicen ellos cada vez que hablan de nosotros. Y sólo volvieron dos que tenían un trabajo, o lo que puede parecer un trabajo: cargar cajones de fruta o pescado en Mercamadrid[7].

25 Les digo que no pueden seguir así todos los días, escondidos como criminales, y me contestan que qué otra cosa pueden hacer. No tienen vivienda, no tienen trabajo, no tienen dinero y unos pocos hasta roban para sobrevivir.

---

1 el estrecho: Meerenge
2 la espuma: Schaum
3 el/la toxicómano/-a: el/la drogadicto/-a
4 efectuar una redada: eine Razzia durchführen
5 estar alerta: estar vigilante, atento/-a
6 trapichear: *fam.* krumme Sachen machen
7 Mercamadrid: gran mercado en Madrid

Entonces les he preguntado que por qué han venido a España. Conozco las dificultades del viaje; primero mucho dinero para conseguir un apoyo, luego una *patera*[1] en la que uno se juega[2] la cárcel, el regreso o incluso la vida. Y al final, si todo sale bien, ¿qué? 5

Qué diferente del pasado, cuando nuestro pueblo llegó a la península con todo su poder y esplendor[3], formando reinos, califatos, y erigiendo[4] mezquitas tan majestuosas como la de Córdoba.

Hoy los árabes que llegan a España lo hacen de noche, en 10 cáscaras de nuez[5], cruzando el estrecho de Gibraltar, entre olas, vientos y a veces disparos de las patrulleras. ¿Para qué? Dicen que algunos recogen frutas, que otros son empleados en la construcción, o utilizados como mano de obra barata para la confección de ropa en talleres clandestinos[6]. 15 ¿Clandestinos? Todo es clandestino. Si uno enferma, no existe. Si tiene un accidente, nadie responde por él. Si se muere, al mar o al río. Nunca existió. Sólo existe su trabajo y su sudor. La verdad es que me siento algo avergonzando por hablarles con mi traje sin rotos[7] y con mi cara afeitada. 20

Si me viera mi padre diría que ya soy un hombre, a pesar de que me acusó de ser un niño por querer dejar mi país y venir a éste. Diría que el mes que viene, que cumplo los veinticuatro, sería un buen momento para demostrar que he aprendido las enseñanzas del Profeta. ¿Has bebido vino, 25 has comido cerdo, te has lavado como manda el Corán, has rezado mirando a La Meca? Ésas son siempre sus preguntas cada vez que uno de sus hijos regresa de un viaje, por

1 la patera: pequeño barco de madera, la balsa
2 jugarse (u>ue) a/c: poner en riesgo a/c, arriesgarse a/c
3 el esplendor: Glanz, Pracht
4 erigir: *aquí* construir
5 la cáscara de nuez: Nussschale
6 clandestino/-a: secreto/-a, ilegal
7 el roto: Loch, Riss

corto que sea; aunque sólo haya ido al pueblo de al lado. Su inquietud es mayor cuando uno de nosotros, por estudios o negocios, tiene que ir a Rabat o a Fez o a Casablanca.

De nada nos sirve protestar y explicar a nuestro padre
5 que ya somos mayores. Para él soy muy joven para viajar al extranjero, muy viejo para casarme. Según él tenía que haberlo hecho hace varios años, con una chica que le gustaba mucho, Fátima, una niña de trece años que todavía jugaba con muñecas. Fue el primer enfrentamiento con mi padre, la
10 primera vez que me opuse a sus deseos. Y desde entonces comprendió que yo lo quería a mi manera. Que no iba a poder doblarme[1] «como hace el viento con las mieses[2]». Que no iba a poder empaparme[3] de sus doctrinas «como hace la lluvia con los campos». A él, que siempre le gustaban tanto
15 las frases hechas, se le antojaba[4], y se le antoja, que «yo soy como un río al que la lluvia, en lugar de mojar, agranda». O como el polen[5], «al que el viento transporta de un lado a otro para germinar[6] recuerdos de su paso».

No sé de dónde sacará cosas así, porque no creo que el
20 Profeta se haya entretenido[7] en hacer ese tipo de comparaciones, pero no me disgusta.

Hoy ya no escribo más, porque esto no es un diario, sino pensamientos. Y lo que quiero escribir es lo que me pasa aquí y no lo que me espera allí, cuando regrese.

* * *

1 doblar: (ver)biegen, beugen
2 la mies: Korn, Weizen
3 empapar: durchtränken
4 antojarse: *aquí* pensar, creer
5 el polen: Pollen
6 germinar: sprießen
7 entretenerse con a/c: pasarse el tiempo con a/c

A la manifestación acudió[1] menos gente de la que yo esperaba. Ni Mohamed ni los del puente de Méndez Álvaro aparecieron por allí. Ni muchos otros. Normal. Tienen miedo a que la poli los coja y los deporte. No quiero ni imaginarme su regreso a casa, desposeídos[2] de todo, humillados e insultados. Por eso luchamos y corremos riesgos. Yo sé que aquí estoy de paso y que las leyes españolas no son mis leyes; pero si no defendemos aquello en lo que creemos, se trate del país que sea, no seremos personas. Aunque por hacerlo acabemos en la comisaría o en el consulado. Además, decir en una pancarta[3] que todos somos extranjeros, ¿es algo malo? Decir que nos une lo que nos diferencia, ¿es un delito? Gritar en voz alta que la piel puede ser de cualquier color, el corazón siempre rojo, ¿es una barbaridad? Y cuando todos nos cogemos de las manos, los moros y los chinos de los restaurantes, los guineanos y los chicos y chicas de Madrid, ¿acaso cometemos una locura?

Pues sí, algunos piensan que estamos locos. Porque he visto sus ojos clavados[4] en nosotros, y he leído sus pensamientos.

Apártate de esa chica blanca, sucio extranjero. He sentido el peso del desprecio como si fuera plomo[5] porque llevaba cogida a Eva de la mano.

Ella en ningún momento ha sentido miedo; al revés, siempre estaba sonriendo, como si aquellos amigos míos fueran en realidad sus amigos. Hasta entonces no los conocía de nada, pero Eva estaba allí, a mi lado, haciendo como que no veía las muestras de desagrado[6] de los que piensan que el

---

1 acudir: asistir
2 desposeído/-a: pobre, sin propiedad
3 la pancarta: Spruchband, Plakat
4 clavar los ojos en alg.: *loc.* den Blick auf jdn. heften
5 el plomo: Blei
6 el desagrado: el disgusto

mundo está formado por islas, y que así debe seguir estando
por los siglos de los siglos.

Cuando habló el primer orador[1], se me antojó que sólo
se dirigía a los que ya sabíamos lo que iba a decir; me pro-
dujeron cierta pena, como soledad, nuestros aplausos, que
sonaban algo huecos[2] en aquella plaza tan grande y bonita.

¿Servía para algo lo que estábamos haciendo? Es curioso,
pero ni siquiera vi a la policía hasta que llevábamos allí
cerca de media hora. Y cuando aparecieron se limitaron a
pasear bajo los soportales[3], medio indolentes[4].

Todo transcurría[5] con tanta tranquilidad que los de
siempre propusieron de nuevo que fuéramos hasta la Puerta
del Sol para armar un poco de ruido[6]. No era eso lo pactado[7],
aunque en aquellos momentos pensé que tenían algo de
razón. Que manifestarse para que sólo nos escuchásemos
nosotros no tenía demasiado sentido. Pero aun así teníamos
que acatar[8] lo que aceptó la mayoría. Pero no. El grupo que
no estaba de acuerdo se separó de nosotros y se dirigió hacia
la Puerta del Sol.

De repente todo cambió. Los policías, que parecían
apáticos, hablaron por un telefonillo y como por arte de
magia nos vimos rodeados por un grupo de antidisturbios[9],
casco, escudo[10] y porra[11] en mano. No estaban dispuestos a
dejarnos salir de nuestro gueto[12].

---

1 el/la orador/a: Redner/in
2 hueco/-a: hohl
3 el soportal: überdachter Hauseingang
4 indolente: apático/-a, indiferente
5 transcurrir: pasar, suceder
6 armar ruido: Krach schlagen
7 pactar: *hier* vereinbaren
8 acatar: respetar
9 los antidisturbios: Antiterroreinheit
10 el escudo: Schutzschild
11 la porra: Schlagstock
12 el gueto: Ghetto

Siempre igual. Siempre el gueto. Mientras permaneces en él, las cosas son medianamente aceptables. Cuando intentas salir, aparecen las rejas, los perros y ellos dispuestos a todo. Para mí lo más importante era proteger a Eva. Había dejado las clases por estar a mi lado, había salido antes del trabajo por acompañarme. No podía permitir que le hicieran daño. Por eso no me importó que una porra de cuero me abriera la mejilla[1], porque sabía que iba dirigida a su cara, y que, si la hubiera siquiera rozado, la habría defendido a puñetazos[2], sin importarme quién estaba enfrente, sin pensar en las consecuencias. Tal vez me hubieran expulsado de España, haciéndonos más difícil, casi imposible, nuestra amistad.

—Vamos, corre, ven por aquí —me dijo Eva arrastrándome[3] de la mano.

Ella conocía la plaza mejor que yo. En una esquina, justo la opuesta por la que se accedía[4] al centro de Madrid, había un arco y unas escaleras. La policía, por descuido, no estaba allí, o tal vez premeditadamente[5] para que saliéramos por aquella puerta, alejándonos así de nuestro objetivo. Ni siquiera nos siguieron cuando echamos a correr, a pesar de que a nosotros nos daba la sensación de que venían tras nuestros pasos, con la porra levantada para golpearnos de nuevo. La herida no me empezó a escocer[6] hasta que nos escondimos en un portal de una calle próxima.

—Tienes sangre —dijo Eva limpiándome con un pañuelo bordado[7] a mano.

—Te mancharás —es lo único que se me ocurrió decirle.

---

1 la mejilla: Wange
2 el puñetazo: Faustschlag
3 arrastrar: *hier* ziehen, mitreißen
4 acceder: llegar
5 premeditadamente: vorsätzlich
6 escocer (o>ue): *aquí* picar, doler
7 bordado/-a: bestickt

—Voy a guardar este pañuelo sin lavar, como recuerdo —me respondió sumergiendo sus ojos en mí.

La abracé, sin importarme esta vez que mi herida ensuciara su vestido. Tenía que besarla y lo hice. Me entraron
5 ganas de decirle «te quiero», pero no lo hice. ¿Demasiado pronto, demasiado brusco? Eso es lo que sentía.

—Te gusta el cuscús?

Eva me había puesto una tirita[1] que llevaba en el bolso. Resaltaba demasiado en mi piel morena. Ella lo notó y se
10 echó a reír.

—Seguro que el inventor de las tiritas era un blanco.

A Eva le gustaba el cuscús. Sólo lo había comido un par de veces en un restaurante de su barrio, aunque, por lo que me dijo, la preparación no era la adecuada. El cuscús que
15 íbamos a comer por primera vez juntos era auténtico. Alí, el que por las noches no me dejaba dormir con sus ronquidos, lo preparaba como si fuera el mismísimo cocinero real. Decía que lo había aprendido en Marraquesch, y su secreto estaba en la pimienta molida[2] que echaba por encima de
20 la sémola[3]. Muy fina, una cantidad muy medida, sólo una pizca[4] de aroma, pero un sabor único.

—Tengo un pelo muy feo —dijo Eva de repente, mientras entrábamos en el metro.

—Me gusta tu pelo.
25 —¿Qué te parece si me lo corto?

—Como tú quieras.

—¿Y si me lo tiño[5] un poco más claro?

—Como quieras.

Hiciera lo que hiciera Eva me iba a gustar igual.

1 la tirita: Pflaster
2 molido/-a: gemahlen
3 la sémola: Grieß
4 la pizca: Prise
5 teñir (e>i): färben

—Me encanta tu gorro de lana —me dijo tirando de él juguetonamente[1] hasta casi taparme los ojos.

—Te lo regalo.

—No, no. Hace frío. Y además te sienta muy bien.

Por primera vez en mi vida me sentí guapo. Por primera vez desde que llegué a España me sentí hombre; gracias a Eva.

Llegamos a casa antes que Alí. Él también había estado en la manifestación, y nos habíamos citado para después.

En la cocina vimos que todos los ingredientes del cuscús estaban preparados. Mientras esperábamos, nos sentamos en el suelo, junto a unos pufs[2], delante de unas tazas de té con hierbabuena[3].

—Me gusta —dijo Eva.

—Allá lo tomamos mucho; cuanto más calor hace, más lo tomamos.

—Me gusta ver cómo lo preparas, el sonido que hace el té cuando lo viertes sobre la taza.

Aquel día, no muy afortunado por lo de la manifestación (se habían llevado a cuatro o cinco detenidos), resultó por lo demás toda una fiesta. De fondo pusimos música de Tánger, del medio Atlas, cánticos[4] bereberes y del desierto. Comimos cuscús —a Eva le gustó mucho, repitió varias veces— y cantamos canciones de aquí y de allí.

Aprovechando un momento en que Alí y los demás compañeros de piso nos dejaron un momento a solas, la besé.

Me estremeció[5] su sabor.

---

1 juguetón/-ona: verspielt
2 el puf: Sitzkissen
3 la hierbabuena: Minze
4 el cántico: una canción religiosa
5 estremecer (c>zc): erschaudern

—Tengo una casa demasiado pequeña, con demasiada gente —dije como pensando en voz alta.

Ella, que es muy lista y me coge al vuelo[1] todo lo que quiero decir, incluso lo que sólo sueño, me respondió:

5 —No importa. Todo tiene solución.

Me apretó la mano. Ya no nos importó que mis compañeros de piso estuvieran allí. Nos volvimos a besar.

—Saïf, esto acaba en boda —rió Alí haciendo un gesto típico de los rituales de nuestra religión.

10 —Y con hijos —añadió Habib, otro compañero, generalmente muy silencioso, pero al que se le veía contento por nuestra alegría.

—¿Y tú, Eva, qué dices? —le pregunté yo a la mujer que hacía posible que la música de *El amor brujo* y sus canciones
15 desgarradas[2] cuya letra no acababa de entender resonara en mi cabeza.

Eva no dijo nada. Sólo frunció[3] los labios, en un gesto que hasta entonces no le había visto hacer, pero que a partir de ese momento se convirtió en algo habitual en ella. Y sonrió.

20 Suficiente. Era todo lo que yo necesitaba para seguirla queriendo.

---

1 al vuelo: muy rápido
2 desgarrado/-a: herzzerreißend
3 fruncir los labios: die Lippen zusammenziehen, kräuseln

Páginas 66 – 69

1. Después de la lectura, describe la situación de los inmigrantes provenientes de África. ¿Cómo llegan a España y en qué situación viven allí?
2. Analiza la actitud de Saïf frente a la situación de los inmigrantes árabes ilegales.

Páginas 70 – 75

1. Resume lo que pasa el día de la manifestación.
2. Analiza y comenta los motivos de Saïf por los que asiste en la manifestación.
3. Imagínate que eres periodista de *El País*. Escribe un artículo de prensa en que tratas los acontecimientos del día de la manifestación.

Segunda parte
El infierno

«Cuando una persona muere,
se nos muere.» – Miguel de Unamuno

1 Manu

—Dicen que han visto a tu hermana de la mano de un negro en la plaza Mayor. ¿Te vas a quedar así, sin hacer nada?

Wotan mascaba chicle mientras hablaba sin atreverse a mirar los ojos de Manu.

5 —¡Te he dicho que, a mi hermana, ni mentarla[1]!

—¡Vale, tío, vale! Pero tú sabrás lo que haces —respondió Wotan apartándose[2] ligeramente de su compañero, no fuera a propinarle un rodillazo[3].

Aunque allí, entre la multitud del estadio, su presencia 10 tenía otro motivo que el de discutir entre ellos. Servicio de orden y vigilancia.

Manu, tragando saliva, notando cómo la adrenalina brotaba a borbotones[4] de su corazón e inflamaba[5] su rostro, clavó sus ojos en el campo. ¿Cuánto tiempo llevaban 15 jugando? El marcador señalaba un empate a cero que no dejaba contentos a ninguno de los dos contendientes[6]; y mucho menos a los más de cien mil espectadores del estadio.

Lo mejor vendría después, se dijo Manu centrándose en 20 lo que había venido a hacer. No quería pensar en Eva, ¡no quería! Pero Wotan, con su sonrisa atravesada[7], con sus ojos

---

1 mentar (e>ie): mencionar
2 apartarse: sich abwenden
3 propinar un rodillazo: dar un golpe con la rodilla
4 brotar a borbotones: *hier* herausschießen
5 inflamar: *hier* erröten lassen
6 el/la contendiente: el contrario, el/la adversario/-a
7 atravesado/-a: *aquí* falso/-a

pitañosos[1], actuaba como si fuera un tábano cojonero[2]; y tal
vez lo era. Manu estaba seguro de que al tal David le gustaba
Eva. Y, en el fondo, no sabía qué era peor: si encontrársela
con el moro o con su compañero. Por unos momentos cerró los
ojos, espantado de lo que estaba pensando. ¡Estaba seguro! 5
Lo peor de todo es que Eva estuviera con un extranjero y
además árabe. Eso no lo podía consentir[3]. No. Se llevó la
mano a la navaja, diciéndose que no era suficiente. Notó
cómo el siroco comenzaba a soplar dentro de su cabeza y
respiró profundamente para alejarlo. 10

Un griterío, provocado por un gol que no fue a causa de los
palos de la portería[4], le devolvió a la realidad del momento.
Lo otro también era una realidad, y se ocuparía de ella
cuando hubieran machacado al Barça como se merecía. El
culpable del susto en la portería madridista era su jugador 15
más odiado: uno capaz de imitarlos rapándose la cabeza
como ellos cuando sólo era un jodido niño millonario. ¡Cómo
se atrevía a hacerlo y a aparecer así, ante sus ojos, vestido
de rojo y azul! ¡Pelón[5] de mierda! El que había hecho que
otros futbolistas, de fuera y de dentro, sucios extranjeros 20
como Ronaldo e incluso merengues[6] como Roberto Carlos,
afeitaran su cráneo como sólo él, Manu, y los suyos tenían
derecho a hacer. La mirada de Manu sobre el jugador
Iván de la Peña, de haber sido un puño americano, le habría
aplastado las sienes, de haber sido una navaja, le habría 25
cortado los huevos, y de ser una pistola, le habría volado los
sesos delante de todos sus seguidores. Para que aprendiera

---

1 pitañoso/-a: triefend
2 el tábano cojonero: *vulg.* verdammte Nervensäge
3 consentir (e>ie): *aquí* tolerar
4 el palo de la portería: Torpfosten
5 el/la pelón/ona: persona que no tiene pelo, cabeza rapada
6 los merengues: *aquí* los jugadores del Real Madrid

a respetar lo que para él era todo un símbolo de raza. Un disparo y pim-pam-pum, ¡fuera!

Sería fantástico, se dijo, matar dos pájaros de un solo tiro. Al moro y al calvo, dos escorias menos y para él dos
5 satisfacciones multiplicadas. Pero, a pesar de lo sugestivo de su propósito, resultaba difícil llevarlo a efecto[1], ejecutarlo. Cada persona era un mundo y vivía en su mundo. El niñato Iván —nombre ruso, seguro que además era comunista— en Barcelona. El moro aquí, en Madrid, aunque todavía no
10 sabía dónde. Pero lo descubriría, ¡vaya si lo descubriría!, y entonces sí que dejaría fluir por sus venas todos los sirocos que quisieran apoderarse[2] de él, para hacerlos suyos.

—Bicéfala[3] —dijo Águila Juan como un susurro, que llegó hasta Wotan, y de Wotan a Teo, y de Teo a Manu.
15 —Bicéfala —repitió como si estuviera hablando con el frío viento del invierno que cada vez pesaba más sobre sus huesos.

Había sido una buena idea cubrirse cuerpo y cabeza contra frío e identificaciones. También bueno para esconder
20 las armas, aunque la verdad es que, una vez que habían comprobado que estaban en la lista oficial del club, casi ni les habían cacheado[4].

—Bicéfala.

Era la palabra clave que habían acordado en *La Sangre*
25 *del Poeta* para ponerse en marcha diez minutos antes de que terminase el partido.

El cero a cero continuaba inalterable[5] en el marcador. Para nadie era bueno, pero menos para ellos. Un triunfo del Madrid les habría vuelto eufóricos y animado a golpear a

---

1 llevar a efecto a/c: realizar a/c, lograr a/c
2 apoderarse de alg.: sich jds. bemächtigen
3 bicéfalo/-a: con dos cabezas
4 cachear: *fam.* filzen, durchsuchen
5 inalterable: invariable, sin cambiar

los Boixos Nois con alegría. Una victoria del Barcelona les habría dado la justificación suficiente para convertir la pelea en una guerra sin cuartel[1], donde todo fuera permitido. Pero un vulgar empate…

—¡Gol! ¡Goooooooooooooool! 5

Estaban a punto de abandonar las gradas, de salir por los laberintos de acero y hormigón[2], cuando fueron forzados a volverse. El grito había llegado desde el otro extremo del estadio. A su alrededor nadie había abierto la boca.

—¡Gol, gol, gol, gol de Iván de la Peña! —gritaba un 10 locutor radiofónico entusiasmado por su cometido[3].

Manu le habría estampado[4] el cráneo allí mismo. O mejor, se lo habría estampado primero al jugador y luego al comentarista, para que sus sesos[5] se esparcieran[6] sobre el césped; y además, inmediatamente después, habría 15 escupido sobre ellos.

Águila Juan dio un taconazo[7], que era como una orden de actuación. Wotan se frotó las manos, mientras Teo se pegaba más y más a Manu. Tenían tiempo suficiente para ir a la salida de la zona norte del estadio, donde estarían sus 20 enemigos. Iba a ser fantástico, en el fondo aquel gol era providencial. Y si no empataba[8] el Madrid en los pocos minutos que le quedaba, la furia iba a desatarse[9] como lo hacen las fuerzas de agua y electricidad de una tormenta.

—¡Joder, qué frío hace! —protestó Wotan acercándose a 25 un puesto de castañas que había junto a uno de los muchos

1 sin cuartel: sin perdón
2 el hormigón: Beton
3 el cometido: *aquí* el trabajo
4 estampar: *hier* zerquetschen, zermalmen
5 los sesos: el cerebro
6 esparcirse: *hier* sich verteilen
7 dar un taconazo: die Hacken zusammenschlagen
8 empatar: unentschieden spielen
9 desatarse: sich lösen, ausbrechen

tenderetes[1] donde vendían banderines[2], bufandas y foto-grafías de los jugadores.

—Pronto entraremos en calor —dijo Águila Juan con una pasmosa[3] tranquilidad, como si no existiera el menor riesgo
5 para ellos en lo que iban a hacer.

Pero a Wotan le parecía que diez minutos era un plazo demasiado largo. Cogió un puñado[4] de castañas con sus manos, metiéndoselas en los bolsillos de la chupa[5].

—Pero ¿qué haces? —preguntó Águila Juan en voz baja,
10 mientras que era observado con desprecio por Manu y por Teo.

—Oiga usted, me debe… —intentó decir tímidamente el castañero antes de que su estufa[6] recibiera un patadón[7], con puntera de acero, del cabeza rapada.

15 Las brasas[8] salieron disparadas como estrellas fugaces[9].

La policía montada del exterior observó la escena dispuesta a intervenir, pero Águila Juan arrastró rápidamente a Wotan tras unos coches aparcados en las proximidades.

—¡Estás loco! ¿Quieres que nos breen[10] antes de tiempo?
20 —Tengo frío —dijo el otro metiéndose en la boca una castaña sin siquiera pelarla[11], para luego escupir las cáscaras[12], lo que le dejó la boca negra.

---

1 el tenderete: Verkaufsstand (→ el/la tendero/-a)
2 el banderín: bandera pequeña
3 pasmoso/-a: *aquí* sorprendente
4 un puñado de: algunos/-as
5 la chupa: la chaqueta
6 la estufa: el horno
7 el patadón: *etwa* kräftiger Tritt
8 la brasa: Glut
9 la estrella fugaz: Sternschnuppe
10 brear: *aquí* pillar
11 pelar: schälen, pellen
12 la cáscara: Schale

Águila Juan le propinó un golpe en el cuello con el canto de su mano[1] abierta.

Wotan, por unos momentos, sintió que se ahogaba. Los restos de castaña le hacían aún más dificultoso el respirar, y cuando por fin pudo hacerlo tosió[2] con estrépito[3], expulsando comida y babas[4] a partes iguales.

—Cambio de plan. Los maderos[5] nos han fichado[6]. Nada que hacer, en el estadio.

Manu lo prefería así. No tenía ganas de dar el espectáculo delante de mirones[7] cobardes. Lo suyo era golpear sabiendo donde golpeaba.

—¿A *La Barretina?*

Águila Juan asintió con una sonrisa de medio lado[8]. En el fondo a él también le gustaba hacer las cosas bien, y en un descampado[9] los golpes llovían de todas partes y la mayoría se perdían.

En un bar, en cambio, y además en un bar regentado[10] por un catalán separatista mamón[11], todo el mundo iba a saber lo que era bueno. Allí no había inocentes. Los que iban a tomar una copa a aquel local sabían a lo que se exponían, y más en día de partido.

La Barretina se encontraba a diez minutos escasos[12] del estadio. Sólo había que cruzar la Castellana y rodear el

---

1   el canto de la mano: Handkante
2   toser: husten
3   con estrépito: con mucho ruido
4   la baba: Sabber, Geifer
5   el madero: *vulg.* Bulle, Polizist
6   fichar a alg.: *hier* auf jdn. aufmerksam werden
7   el/la mirón/-ona: Gaffer, Schaulustige/r
8   la sonrisa de medio lado: schiefes Lächeln
9   en un descampado: *aquí* en la calle
10   regentar: dirigir
11   el mamón: *vulg.* Wichser
12   escaso/-a: knapp

Palacio de Congresos. Una calle tranquila, excepto en el bar donde todavía estaban celebrando el gol del calvo.

Cuando Águila Juan y los suyos llegaron al local, los parroquianos[1] saltaban de júbilo porque el árbitro[2] acababa
5 de decretar el final del partido. Resultado: Cero-Uno.

—¿Qué va a ser? —preguntó el patrón con un inconfundible acento catalán. Al ver la indecisión de los recién llegados añadió—: Hoy la primera copa es por cuenta de la casa. ¡Visca el Barça[3]!

10 Wotan se había acurrucado[4] en un rincón, comiendo sus castañas y rumiando[5] su odio.

Teo aguardaba el ademán[6] de Manu para hacer él lo mismo. A Manu no le importaba lo más mínimo que fuera Águila Juan quien eligiera la bebida. Pero el dueño de
15 *La Barretina* ya estaba sirviendo un espumoso[7] en copas alargadas.

—¡Nada mejor que nuestro cava para brindar por el triunfo! Manu no pudo evitarlo.

—¿Qué triunfo?

20 Miró al patrón directamente a los ojos, deseando que él, y sólo él, se bebiera el líquido espumoso y luego, sin transición[8], también se bebiera, masticara y se tragara las copas.

—¿No les gusta el fútbol? —preguntó ingenuamente[9] uno
25 de los parroquianos.

---

1 el/la parroquiano/-a: Stammkunde/-in
2 el árbitro: Schiedsrichter
3 ¡visca el Barça!: *catal.* ¡viva el Barça! (FC Barcelona)
4 acurrucarse: sich kauern
5 rumiar: wiederkäuen
6 el ademán: el gesto, la señal
7 el (vino) espumoso: Schaumwein
8 sin transición: sin pausa
9 ingenuo/-a: naiv

Pero no tuvieron que responder, porque al local ya estaba llegando un grupo de aficionados del Barcelona. Sus gritos, sus vivas, su euforia, estaban revolviendo las tripas de Águila Juan y los suyos.

—Tengo ganas de vomitar —dijo Wotan colocándose repentinamente[1] de pie, dejando que el resto de sus castañas robadas cayera rodando por el suelo. Aplastó con su bota la que tenía más cerca y se echó a reír imaginando que era la cabeza de uno de aquellos catalanes. Pero nadie le prestó atención. Los forofos[2] estaban a lo suyo, hablando de lo mismo, del gol, del jugador portentoso[3], del entrenador que por fin le había alineado[4], del mejor equipo del mundo, del... Y todo en idioma catalán.

—En cristiano[5] —dijo Águila Juan como en un susurro.

—¿Desean algo más? —preguntó el dueño del bar, que no había oído bien sus palabras—. ¿Una *mica*[6]...?

—Que hablen en cristiano.

Manu se llevó la mano a la Cruz de Hierro que, oculta bajo la ropa, adornaba su cuello, para seguidamente dejar que se deslizara[7] hacia la navaja barbera. Teo también tanteó[8] su arma, aunque la que él llevaba era una porra de plomo[9]. Wotan, que tenía mucho menos frío que minutos antes, se desprendió[10] del pasamontañas[11] con un brusco gesto.

---

1 repentinamente: de repente
2 el/la forofo/-a: el fan
3 portentoso/-a: maravilloso/-a, fenomenal
4 alinear: aufstellen (für ein Spiel)
5 (hablar) en cristiano: *fam.* (hablar) en español
6 una mica: *catal.* un poco
7 deslizarse: gleiten
8 tantear: *aquí* buscar con la mano
9 la porra de plomo: Schlagstock aus Blei
10 desprenderse de a/c: quitarse a/c
11 el pasamontañas: Kopfbedeckung, die nur die Augen unbedeckt lässt

—¡Iván, Iván, Iván! —corearon[1] algunos de los parroquianos al ver la cabeza monda[2] de David Cortés Hurtado.

Incluso uno de ellos, más bebido o eufórico que los demás, quiso homenajearle a su manera. Primero se besó
5 la punta de los dedos de su mano derecha; luego, como para agradecer el gol o como para conseguir una bendición, depositó esta mano en la cabeza rapada de Wotan. Wotan se la rompió directamente por la muñeca. Fue un gesto tan brutal que los huesos astillados[3] salían a través de la piel.
10 Nadie supo cómo reaccionar. Nadie excepto Águila Juan y los suyos, que parecían haber recibido la orden de ataque.

—¡Bicéfala!

El silbido de la cadena rompió el silencio, y las botellas de la estantería tras el mostrador[4], para acabar estrellándose
15 sobre el cuello del dueño de *La Barretina*.

Águila Juan era un maestro manejando la cadena. Había aprendido a hacerlo en la calle, cuando era pequeño, en las peleas de pandillas. Pero aquellos gestos instintivos los había coordinado en el gimnasio. Ejercitando artes marciales[5] supo
20 utilizar con eficacia las manos y las armas orientales. Luego aplicó su saber a la cadena.

Teo clavó[6] su porra de plomo entre los genitales del catalán más próximo. Le gustó ver su cara roja primero, violácea[7] poco después. De esta forma sólo tuvo que asestarle[8] un
25 segundo golpe en la nuca para que el simpatizante del equipo extranjero cayera al suelo entre gemidos.

---

1 corear: *aquí* gritar con entusiasmo al unísono
2 mondo/-a: sin pelo
3 astillar: romper
4 el mostrador: la barra
5 las artes marciales: Kampfkünste
6 clavar: rammen, stoßen
7 violáceo/-a: de color violeta
8 asestar (e>ie): dar

Wotan escupió al que tenía enfrente. Siempre solía hacerlo. Le gustaba ver cómo la gente quedaba paralizada ante uno de sus gargajos[1], sobre todo si atinaba[2] y se lo colocaba entre los ojos o en los labios. Y en esos segundos de vacilación y desconcierto[3], él actuaba. Con el puño americano, con la bota de acero o, como aquella noche, con la navaja automática. No dudó en clavársela al enemigo en medio de las tripas[4]. Lo de menos era si le mataba o no. Él se recreaba soñando que lo había rajado[5] como un cerdo y que sus intestinos[6] brotaban como serpentinas o como globos babosos[7].

Manu tenía frente a sí a un muchacho pelirrojo de unos quince años, con bufanda *blaugrana*[8], y le gustó ver el miedo en sus ojos. Le encantaba que los demás se cagaran[9] nada más verle.

Manu sonrió. El otro interpretó que aquella sonrisa era de tranquilidad, de que no iba a actuar, al menos con la violencia de sus compañeros. Cuando el pelirrojo quiso darse cuenta y se llevó la mano a la mejilla, la navaja de Manu ya estaba empapada en sangre.

El corte había sido limpio y rápido. Por experiencia sabía que apenas se notaba. Simplemente una especie de rasguño[10], suave pero intenso, profundo, cercenador[11] de piel, carne y vasos sanguíneos[12].

---

1 el gargajo: *etwa* Speichelpfropfen
2 atinar: *hier* treffen
3 el desconcierto: la confusión
4 la tripa: *fam.* el vientre, el estómago
5 rajar: *hier* abstechen
6 los intestinos: Eingeweide
7 brotar como serpentinas o como globos babosos: wie Luftschlangen oder schleimige Luftblasen hervorquellen
8 la bufanda blaugrana: *catal.* bufanda con los colores del FC Barça
9 cagarse: *vulg.* sich vor Angst in die Hose machen
10 el rasguño: Kratzer, Schramme
11 cercenar: cortar
12 el vaso sanguíneo: la vena

—Escolti[1]…

El muchacho balbuceaba[2] retrocediendo hacia la pared, contemplando la sangre que empapaba su mano pecosa[3].

—¿Por qué? —se atrevió a preguntar en su ingenuidad, 5 intentando contener la hemorragia[4] con la bufanda de su equipo.

Manu despreciaba a todos los que no entendían lo que ellos hacían. A esas alturas[5] no iba a ponerse a dar clases para enseñar a los ignorantes lo que debía ser la nueva 10 sociedad. Si querían teoría que se lo preguntaran a Águila Juan, aunque ahora estaba un poco ocupado destrozando con su cadena, manejada como una maza[6], a cuanto separatista encontraba en su camino.

Manu se limitó a repetir su gesto, rápido y certero[7]. Ahora 15 le rajaba[8] el antebrazo[9] mientras se le acababa de ocurrir una excelente idea. A diferencia de Wotan, Manu no quería matar a nadie. Por el contrario, prefería que siguieran vivos, como recordatorio[10]. Para que les contaran a los demás lo que les había pasado por cruzar la frontera y que nunca más 20 debían hacerlo, o tendrían que aceptar las consecuencias, sus consecuencias. Bajó lentamente la mano que sostenía la navaja, calculando el golpe que iba a asestar. Si se equivocaba le cortaría la yugular[11], y eso, aparte de que los

---

1 escolti: *catal.* escucha
2 balbucear: hablar con dificultad
3 pecoso/-a: cubierto/-a de pecas (la peca: Sommersprosse)
4 la hemorragia: la pérdida de sangre
5 a esas alturas: en aquel momento
6 la maza: Keule
7 certero/-a: treffsicher
8 rajar: *aquí* cortar
9 el antebrazo: Unterarm
10 el recordatorio: Mahnung, Erinnerung (→ recordar)
11 la yugular: Halsschlagader

chorros de sangre podían ensuciarle, no tendría gracia. Pero si acertaba en la oreja...

Se la arrancó[1] de la cara, aunque hubo de necesitar un par de golpes. Con el primero la oreja quedó colgando, como un pingajo[2]. Sólo el segundo hizo que lo que, momentos antes, servía para oír mejor ahora sólo fuera un pedazo de carne para echar en un guiso[3].

—¿La quieres de recuerdo o me la llevo? —preguntó Manu hablándole directamente al trofeo ensangrentado, como si se tratase de un micrófono portátil.

El muchacho, aterrorizado, quiso decir algo. Tal vez insultar a su verdugo[4], o acaso pedir perdón, suplicar, porque quizás pensaba que después de la oreja podía segar[5] su vida. Sólo consiguió que de su boca salieran unos espumarajos[6], borbotones inconexos[7] de miedo.

Manu se sintió tan satisfecho de haber conseguido su objetivo que se dijo que ya era suficiente, que para qué iba a llevarse a casa ese recuerdo. Que no deseaba recordar a aquellos asquerosos. Metió la oreja en la boca del muchacho, obligándole a conservarla allí sin escupirla.

—¿Vamos? —le preguntó casi más con la mirada que con las palabras a Águila Juan.

Éste asintió rematando[8] con la cadena lo que había comenzado y le saltó un par de dientes al catalán más próximo, que estaba escupiendo sangre.

Salieron corriendo de *La Barretina*; corriendo y riendo como si estuvieran locos, recordando lo que habían dejado

---

1   arrancar: abreißen, abschneiden
2   el pingajo: Fetzen
3   el guiso: *hier* Eintopf
4   el verdugo: Henker
5   segar (e>ie): amputar (segar la vida: *loc.* matar)
6   el espumarajo: Schaum, Geifer
7   borbotones inconexos: *etwa* unzusammenhängende Laute
8   rematar: terminar, concluir

atrás sin haber sufrido ellos ni el más mínimo arañazo[1]. Se sentían orgullosos de ser tan profesionales.

De pronto, al doblar una esquina, se dieron de morros[2] con todo un destacamento de la policía[3] (caballos, jeeps,
5 escudos y perros adiestrados) y supieron que aquella batalla iba a ser mucho más dura y difícil que la que acababan de librar en el bar catalán. En su estrategia pactada en *La Sangre del Poeta* Águila Juan les había instruido que la mejor defensa era una buena huida. Impedir por todos los
10 medios que los maderos[4] les utilizaran de conejitos de Indias con su material antidisturbios[5]. No les importaba recibir tres o cuatro golpes si luego se escabullían[6] y no tenían que declarar ante el juez.

Manu, pegado a una pared, buscando un resquicio[7] por el
15 que largarse de allí solo o acompañado, lo mismo daba, dejó que la navaja cayera de su mano al suelo; y, de un puntapié[8], la echó hacia la rejilla[9] de una alcantarilla[10] cercana.

Los policías se ensañaron[11] con los dos primeros, Teo y Wotan, a quienes los perros sujetaban por brazos y piernas
20 con sus poderosas mandíbulas.

Águila Juan se perdió en la fría oscuridad sin volver la vista atrás.

Manu echó a correr volviendo por unos instantes la cabeza, a tiempo de ver cómo una porra policial le abría la

---

1 el arañazo: Kratzer
2 darse de morros con alg.: *loc. etwa* jdm. in die Arme laufen
3 el destacamento de la policía: eine Polizeieinheit
4 el madero: *vulg.* Bulle, Polizist
5 los antidisturbios: Antiterroreinheit
6 escabullirse: escaparse
7 el resquicio: *aquí* la salida
8 el puntapié: Fußtritt
9 la rejilla: Gitter
10 la alcantarilla: Gully
11 ensañarse con alg.: seine Wut an jdm. auslassen

cabeza a Teo. Hubiera preferido que se tratara de Wotan;
es más: ¡hubiera dado algo porque el melón[1] partido fuera
el del llamado David! Pero no se detuvo; al contrario, corrió
con más velocidad, buscando un callejón oscuro, un portal
profundo, el vehículo que les había conducido hasta allí. 5
Cualquier cosa con tal de huir de aquella trampa[2]. Porque si
le detenían no le sería posible llevar a cabo lo que su siroco,
imperiosamente, le estaba empezando a ordenar.

---

1 el melón: *fam.* Rübe, Birne (Kopf)
2 la trampa: Falle

2 Eva

Con el pelo corto estabas todavía más guapa. Parecías un chavalín[1], una adolescente recién salida del colegio. Y con tus pecas jugueteando por toda tu cara, una niña revoltosa[2]. Te habías dado unas mechas[3] un poco raras. Lo notaste
5 en cuanto te miraste en el espejo de la peluquería. Mejor hubiera sido dejar tu pelo tal cual. Hasta Virginia te lo dijo al verte llegar.

—Estás guapísima, pero ¿por qué las mechas?

—No sé, se empeñó[4] Mari, la peluquera, y cuando quise
10 darme cuenta ya no había remedio.

—De todas formas estás guapísima. Le vas a dejar flipado[5].

—¿A quién? —preguntaste con una falsa ingenuidad. Porque sólo había una persona en el mundo a quien deseases
15 gustar.

El problema es que tu hermano lo sabía.

—¿Por qué te has hecho eso? —te preguntó una noche, mientras se cruzaban vuestros caminos, él salía, tú llegabas.

20 —¿Y por qué no? ¿Acaso tengo que pedirte permiso para cortarme el pelo?

—No me gustas —dijo dándote la espalda —. Pareces un tío.

---

1 el/la chavalín/-ina: *fam.* un/a niño/-a pequeño/-a
2 revoltoso/-a: vivo/-a, alegre, rebelde
3 darse mechas: sich Strähnchen machen lassen
4 empeñarse: insistir
5 dejar a alg. flipado/-a: *fam.* jdn. verrückt machen, begeistern

—¿Crees que me importa lo que digas? —le respondiste picada[1], incómoda porque Manu se empeñaba en seguir haciendo de padre contigo.

¿Piensas, Eva, que las cosas habrían cambiado de tener a tu lado a un padre, a un verdadero padre? ¿Que habría sido 5 diferente de poder contar con un padre que no hubiera huido de casa como un ladrón en la noche? ¿El destino hubiera sido otro de saber que todos los días, al regresar a casa, tu padre te estaría esperando, como hacían otros padres con sus hijas a la salida del colegio? 10

Seguro que sí. Quiero creer que sí, y que las cosas habrían sido de otra manera, más normales, más sencillas y, sobre todo, bastante más alegres.

Eva.

Estabas con Virginia, muy guapa, pelo corto, pecosa, son- 15 riente, con mechas. Aquel día de trabajo se te hizo eterno. Cuentas y más cuentas, la calculadora, la caja registradora, jabón en polvo, fruta, cervezas, yogures, lechuga, tostadas para el desayuno, margarina, cajas de tampones, leche desnatada, huevos morenos, latas de conservas, leche 20 semidesnatada, cepillos de dientes, chicle, salchichón en rodajas[2], queso rallado[3], leche entera con toda su crema, espaguetis, miel, magdalenas, carne picada, boqueroncitos[4], más yogures. Así hora tras hora, carrito tras carrito, la señora con sólo una barra de pan que se quiere colar[5], el niño que 25 rompe la botella de naranjada, el colgadillo[6] que ha querido robar y ha sido echado a patadas para no tener que llamar a la policía. Hora tras hora, muchas horas, sin casi tiempo

---

1 picado/-a: *fam.* ligeramente enfadado/-a
2 en rodajas: in Scheiben
3 rallado/-a: gerieben
4 el boquerón: Sardelle
5 colarse: sich vordrängeln
6 el/la colgadillo/-a: *fam.* el/la drogadicto/-a

para ir al servicio, ni siquiera para tomarte un café calentito, con mucha leche, como a ti te gustaba. Menos mal que dos cajas más allá estaba Virginia, ilusionada con tu ilusión, guiñándote el ojo[1] cuando la jefa no os veía, sacando la
5 lengua cuando el cliente pesado se marchaba ya de una puñetera[2] vez. Pero tú estabas deseando ir a la academia, deseando verle y, sobre todo, que te viera con tu nuevo peinado.

Saïf no apareció y a ti se te cayó el alma a los pies[3].
10 Ni siquiera aguantaste la clase entera; pretextando que no te sentías muy bien abandonaste el aula diez minutos antes de que acabara. La calle de la academia, tranquila de por sí, te pareció aquella noche fría de invierno triste y casi muerta. Ni siquiera había un gato vagabundo que
15 maullara desde un tejado[4] próximo. Nada, únicamente la luna que se reflejaba sobre los charcos[5] medio helados entre los huecos de los árboles. Y eso que hasta allí llegaban los resplandores[6] de la otra calle, la principal, iluminada para las fiestas, con campanitas[7] y hojas de muérdago[8], con
20 velas y leyendas de Feliz Navidad. Pero eso, en aquellos momentos, resultaba todavía peor, porque te envolvía en un halo[9] melancólico del que no sabías cómo escapar. Pensarías sin duda, abrigándote[10] bien con la bufanda y lanzando una ojeada[11] al cielo, que sólo faltaba que lloviese.

---

1 guiñar el ojo: zwinkern
2 puñetero/-a: *vulg.* Scheiß- +*Nomen*, verdammt
3 caérsele el alma a los pies a alg.: *loc.* desesperarse
4 el tejado: el techo
5 el charco: Pfütze
6 el resplandor: *aquí* la luz
7 la campana: Glocke
8 el muérdago: Mistel
9 el halo: *aquí* el estado de ánimo
10 abrigarse: sich warm anziehen (→ el abrigo)
11 la ojeada: la mirada rápida

Empezaste a caminar, primero mirando a todas partes, por si de improviso lo veías venir corriendo, disculpándose porque había tenido que ir a algún sitio, por si salía de repente de un portal, jugueteando al escondite[1], tapando tus ojos y preguntando con su inconfundible acento: «¿Quién soy?». Luego, ya desengañada[2], camino del metro, bajaste la cabeza para clavar la mirada en los adoquines[3] del suelo, los antiguos adoquines que se veían a través de los agujeros de una capa de asfalto deteriorada[4], adoquines entre los que se apreciaban trozos[5] de vía del tranvía de otras épocas, como aparecen en algunas películas, en *Doctor Zhivago,* por ejemplo, una de tus favoritas, en las que el protagonista ve a su amor por última vez desde un tranvía, mientras se muere, se muere sin poder siquiera llamarla. Muy triste, muy emocionante, bella, cómo lloraste mientras sonaba la música y ella sin saberlo se alejaba para siempre, ¡para siempre jamás!, de su gran amor. ¿Por qué se te ocurriría pensar en *Doctor Zhivago* en aquellos momentos? ¿La vía del tranvía, el alejamiento del ser amado? ¡Oh, no, no podía ser! Aceleraste el paso. Ahora sí que sabías adónde dirigirte, aunque fuera al otro lado de Madrid, aunque llegases a tu casa no se sabía cuándo, y al día siguiente hiciera falta una excavadora[6] para sacarte de la cama.

Al llegar a su barrio —metro y autobús, además de preguntar una y otra vez— sufriste el segundo bajón[7] de la noche. Todas las casas te parecían iguales. Bloques y más bloques, y a uno de ellos te había conducido Saïf para comer cuscús.

---

1 jugar al escondite: juego de niños (→ esconder)
2 desengañado/-a: decepcionado/-a, desilusionado/-a
3 el adoquín: Pflasterstein
4 deteriorado/-a: *hier* beschädigt
5 el trozo: el pedazo, la pieza
6 la excavadora: Bagger
7 el bajón: *aquí* la desilusión

—¿Moros? —Habías preguntado por un grupo de árabes, pero te respondieron con una pregunta algo despectiva[1]—. ¿Moros? Por aquí hay demasiados.

Creías haberte dirigido a gente que comprendía, gente como tú, a chicos de tu edad, menos maleados[2] que los adultos. Pero aquella pandilla, algunos sentados en sus motos de baja cilindrada[3] y mucho ruido, bebiendo litronas[4], no pudieron o no quisieron señalarte el camino correcto. Cada vez hacía más frío, cada vez estaba más oscuro, y la luna pretendía esconderse tras unos nubarrones[5] blancos que tal vez anunciaban nieve.

Estabas inquieta, cansada y dolorida. En el fondo te reprochabas haber ido hasta allí para nada. ¿Y si encima pasaba algo desagradable? Una chica joven y sola, en un barrio extraño. ¿Quién la iba a defender? ¿Los de las litronas? ¿O los árabes aquellos que te miraban pasar desde la profundidad de sus ojos? Te acercaste a ellos con esperanza.

—¿Eva? —preguntó uno de ellos.

—¡Alí! ¿Qué hacéis aquí, en la calle, escondidos?

—Somos escondidos —respondió en su mal castellano.

—¿Por qué? —pero antes de que el otro pudiera responder, preguntaste lo que más te importaba—: ¿Y Saïf?

—Dentro en comisaría[6] —dijo Alí moviendo la cabeza de lado a lado.

—¿Detenido? —te estremeciste[7] al oírlo.

—No, detenido no, sólo declaración.

—¿Por qué?

—Haber pelea en Madrid, cuchillos y sangre.

---

1 despectivo/-a: verächtlich, geringschätzig
2 maleado/-a: verdorben
3 de baja cilindrada: mit kleinem Hubraum
4 la litrona: *fam.* botella de un litro
5 el nubarrón: Gewitterwolke
6 la comisaría: Polizeiwache
7 estremecerse: asustarse

—¿Quién se ha peleado?

—No sabemos, no idea. Un nigeriano herido, muy herido, tal vez muerto. Árabes y negros, interrogatorio[1].

—¿Quién lo ha hecho?

—No saber.   5

—¿Blanco o negro?

—No importar —respondió Alí.

Comprendiste que tenía razón. Que lo importante es que había un hombre herido, y que fuera quien fuera el que lo hubiera hecho, negro, árabe, chino o blanco, era un   10 criminal.

—¿Tú, vosotros, habéis estado ya en la comisaría?

—Imposible. No tenemos papeles buenos, algunos ilegales. Deportación[2].

—¿Dónde está Saïf? —preguntaste con determinación.   15

Te dijeron que en la comisaría de La Latina, y allí te fuiste, en el primer taxi que se cruzó en tu camino. Le estuviste esperando más de hora y media. ¡Qué cantidad de minutos tiene una hora y media!, ¡qué despacio pasaban!

No te explicaste, ni en aquellos momentos tenía la menor   20 importancia, el porqué había tenido que ir a declarar a la comisaría de La Latina. ¿Tal vez es que la agresión había tenido lugar por aquella zona?

Al salir, calándose[3] su inconfundible gorro de lana color granate, cansado, con su parka azul marino, como la tuya,   25 estremecido por el frío[4], con la sorpresa de encontrarte allí, sentada en una acera[5], tus ojos llenos de lágrimas, lágrimas que se iban cristalizando conforme crecía el frío, Saïf se

---

1 el interrogatorio: Vernehmung
2 la deportación: *hier* Abschiebung
3 calarse: ponerse
4 estremecido/-a por el frío: *etwa* zitternd vor Kälte
5 la acera: Bürgersteig

echó en tus brazos. Te gustó la sensación de acogerle en tu pecho.

—Eva, Eva...

—No digas nada, Saïf, ya ha pasado todo.

5 Eso es lo que hubierais deseado los dos. Pero aquello era sólo el comienzo. Mientras os tomabais un café calentito en el único bar abierto de la zona, Saïf te dio la mala noticia.

—Dos semanas.

—Dos semanas... ¿qué? —preguntaste temerosa,
10 deseando equivocarte, que lo que estabas pensando en aquel instante no fuera más que el producto de una pesadilla, no la realidad.

—Sólo dos semanas, luego debo regresar.

—¿Te han echado de España?

15 Saïf sonrió y te volvió a estrechar contra su pecho.

—Dos semanas son catorce días, muchos días. Podré pasar las fiestas aquí, contigo.

—¿Por qué te han echado? ¿Te han pegado dentro?, ¿qué te han hecho?

20 —No pegado, nada malo, sólo preguntas, muchas preguntas. Al final consejo. Lo decía uno muy serio: «Es sólo consejo, vete antes del año nuevo a tu tierra, morito, vete a tu tierra, lejos; dos semanitas, por si no sabes contar, morito».

—¡Entonces no te han expulsado! Tienes tu beca, tus
25 papeles en regla, puedes seguir aquí —replicaste con esperanza—. ¡Eso no es legal! —Lo que había pasado es que querían meterle miedo, sólo eso.

—¿Tú crees? —preguntó Saïf, más realista—. Si no me voy, vienen a buscarme. Y a buscar a todos los compañeros.
30 Mucho peor.

—Pero, si te vas...

Ibas a añadir «¿qué va a ser de mí?».

—Escucha...

Saïf, no supiste cómo, hizo una especie de milagro. O simplemente magia, pero a ti te trastornó[1]. Señaló la luna fría, medio oculta.

—¿La ves? Allí, en mi país, es la misma luna. Pero en el desierto, mañana, cuando salga el sol hará calor. Tú y yo en 5 las dunas[2] rojas, ¿recuerdas?

Y entonces desapareció el frío, la noche, el invierno, el miedo al adiós, la amenaza; sólo estabais él y tú en el desierto. Era como si os hubierais metido a través del chorro de luz[3] de un proyector de cine en el interior de la pantalla para 10 vivir una película más real que la vida misma.

—Mi nombre significa verano, ¿recuerdas?

Te abrazaste a él como si quisieras atrapar todo su calor, estremecida.

—Mi nombre es Eva —quisiste bromear—. Y si le doy la 15 vuelta soy ave[4] y podré volar. Volar hasta tu tierra, hasta el desierto.

Saïf te miró como si acabara de descubrirte, de enamorarse por primera vez.

—Eva, tú eres chico bonita —dijo él equivocándose al 20 hablar. Pero el error te hizo reír.

—Es verdad, soy chico bonita. También me lo ha dicho mi hermano.

—¿Tienes un hermano?, ¿cómo es? No me has hablado de él —dijo Saïf mientras caminabais muy próximos el uno al 25 otro, enlazadas las cinturas[5].

Pero lo último que querías hacer era perder el tiempo hablando de Manu.

---

1 trastornar: *aquí* encantar
2 la duna: Düne
3 el chorro de luz: Lichtstrahl
4 el ave *f.*: el pájaro
5 enlazadas las cinturas: *etwa* eng ineinander verschlungen

—Antes tienes que hablar bien el español. ¿Qué es eso de chico bonita? ¿O querías decir chica bonito?

—Quiero decir que tú gustas mucho a mí… —hizo un esfuerzo por arreglar la frase—. Me gustas mucho, ¡eso es!
5 Tus ojos y tus… tus pecas, ¡ya lo sé decir! Pecas, eso es, ¡pecas! —Saïf sonreía como si ambos estuvierais en el más feliz de los mundos, en un paraíso.

Pero tú estabas muy preocupada.

—En sólo dos semanas no creo que consigas hablar bien
10 el español; deberás quedarte más tiempo —replicaste inclinando la cabeza, contemplando vuestros pies avanzando sobre la acera.

—No importa —tras una pausa te hizo una confesión, para ti emocionante—. Por eso escribo mi diario en árabe.
15 —¿Estás escribiendo un diario?

—Sí, claro, sobre todas las cosas, España, yo, tú.

—¿Hablas de mí?

—Mucho, constantemente. Cuando me vaya te lo dejo. Un recuerdo.
20 —¡Pues vaya recuerdo! —protestaste en broma—. Como no me des clases de árabe, ¿de qué me va a servir?

—Yo te doy clases de árabe. Clases particulares.

—¿Ahora?

—Ahora.
25 Acercó su boca a la tuya y te besó. Recibiste su boca y le besaste. Con otros chicos había sido un fugaz[1] intercambio de humedades, pero con él era la necesidad de meterte dentro, de que si se iba te llevara consigo, de que no querías abandonarle aunque para eso tuvieras que echar a volar[2],
30 cruzar el mar y llegar hasta el desierto.

Las dunas rojas…

---

1 fugaz: muy corto/-a, poco importante
2 echar a volar: marcharse lejos

A partir de ese momento —¿o fue un poco después, cuando llegaste a casa?— pensaste en crear unas dunas rojas para él, aquí.

—Háblame de esas dunas —le suplicaste. Temías no tener la suficiente imaginación y que el escenario deseado ⁵ se quedara en un simple decorado de teatro[1] de pueblo. Lo hizo mientras un taxi os llevaba hacia su casa, por unas calles casi desiertas por el frío, silenciosas, deshabitadas[2].

—Nos levantamos tú y yo temprano, de noche, como ahora. ¹⁰

Vamos a la orilla. Los desiertos son igual que mares, tienen orillas. Mi desierto antes era mar. Yo he cogido caracoles[3] y conchitas[4] de entre la arena.

—¡No es verdad!—protestaste pensando que te estaba tomando el pelo[5]. ¹⁵

—Hace miles de años, mi desierto era océano. Hoy sólo quedan piedras, fósiles, ¿se dice así?

Asentiste sin estar muy segura, diciéndote que tenías que estudiar más, mucho más, para conseguir tu llave mágica y que Saïf estuviera orgulloso de ti. ²⁰

—Luego —prosiguió[6] el muchacho cogiéndote de la mano—, nos sentamos en suelo. Esperamos. El sol aparece. La arena poco a poco se hace roja.

—Como la sangre —se te ocurrió decir de repente, sin saber muy bien por qué. ²⁵

—Como la sangre —Saïf, inesperadamente, se echó a reír. Tú le miraste extrañada, porque tu sentimiento no era precisamente de alegría—. Es curioso, todos tenemos sangre

---

1 el decorado de teatro: Bühnenbild
2 deshabitado/-a: abandonado/-a, sin gente
3 el caracol: Schnecke
4 la concha: Muschel
5 tomarle el pelo a alg.: *loc. fam.* jdn. auf den Arm nehmen
6 proseguir (e>i): continuar

roja, blancos, negros, indios, todos, aunque no les guste a algunos.

El silencio de la barriada[1] fue quebrado[2] por el ruido de unas motos. Los de las litronas abandonaban su lugar de cita y avanzaban por la calle en que estabais vosotros. Tu primera intención fue la de apartar a Saïf de allí. La de Saïf, por el contrario, fue la de permanecer en donde estaba, pero soltó tu mano. Buscasteis, en medio de la oscuridad, la mirada de los que ya estaban cerca. La luz de los focos os cegó[3] por unos instantes. El ruido de los motores era cada vez más intenso. Él y tú seguíais allí, juntos. La luna, tal vez por lo que podía suceder, se escondió avergonzada tras una nube. Se escuchó como una especie de disparo[4], tal vez de un arma de fuego, acaso simplemente el tubo de escape[5] de una moto.

Tomaste de nuevo su mano con fuerza, segura de que, pasara lo que pasara, ibas a estar a su lado.

1. Al día siguiente, Eva le cuenta a Virginia lo que pasó anoche y cómo se sintió. Imagina el diálogo.
2. Describe el ambiente de la noche madrileña.
3. Analiza cómo el narrador presenta los sentimientos y el estado de ánimo de Eva en este capítulo. Ten en cuenta los resultados de las tareas anteriores.
4. Comenta la frase de Saïf: «Es curioso, todos tenemos sangre roja, blancos, negros, indios, todos, aunque no les guste a algunos».

---

1 la barriada: el barrio
2 quebrar (e>ie): *aquí* interrumpir
3 cegar (e>ie) a alg.: jdn. blenden
4 el disparo: Schuss
5 el tubo de escape: Auspuff

3 Saïf

Es horrible lo mal que hablo el idioma de Eva. Me equivoco
siempre. Lo mismo me ha pasado con la policía española. Se
han burlado de mí.

—¿Dónde has nacido? —me preguntaron, a pesar de que
tenían en las manos mi pasaporte.   5

—En Atlas —respondí recordando mi casa, mi familia, lo
que diría mi padre si me viera aquí.

—Este morito ha nacido en un mapa —se rió el que
parecía el jefe—. ¿O es que quieres hacerte el graciosillo[1]
y tomarnos el pelo? —dijo jugueteando con su cigarrillo   10
encendido a dos palmos[2] de mis ojos.

—No, señor —insistí—, yo nací en Atlas. —Podía ver en
mi cabeza la cordillera de mi país, la que necesitan cruzar
los del norte para llegar a las tierras cálidas. Yo nací del lado
del desierto, aunque el desierto está lejos de casa, pero he   15
ido a verlo muchas veces, tengo un tío en Rissani, vende
alfombras y babuchas[3], Rissani es la puerta del desierto, una
ciudad con fortaleza[4] construida por Moulay Ismail. Mi tío
fue el que me llevó a ver por primera vez las dunas rojas.

—Éste se quiere quedar contigo[5] —dijo un ayudante   20
levantando la mano, como para pegarme. Yo no quería
quedarme con él. ¿Cómo va a quedarse una persona con
otra? Eso era en tiempos de los esclavos.

---

1 hacerse el/la gracioso/-a: *etwa* sich als Witzbold aufspielen
2 el palmo: Handbreit
3 la babucha: Pantoffel
4 la fortaleza: Festung(sanlage)
5 quedarse con alg.: *fam.* burlarse de alg.

—Espera, ya tendremos tiempo de zurrarle la badana[1] si se queda un solo día más del plazo[2] que le hemos dado. ¿Comprendes lo que quiero decir, Mustafá?

—No me llamo Mustafá —protesté.

5 —Te llamas como a mí me da la gana, Mustafá. Y si no te largas[3] de este país antes de quince días… —Hizo un gesto feo, un gesto que si lo ve mi padre seguro que saca el alfanje[4] y le corta la mano de tajo[5]—. Porque este país no es el tuyo, ¿te enteras? Y aquí no queremos ver más caras sucias como 10 la tuya, ¿te enteras, Mustafá?

—Me llamo Saïf —dije sacando valor de no se sabe dónde.

—Porque estamos en navidades, que si no… —dijo una voz a mis espaldas, quizás lamentando no pegarme una 15 paliza[6] y así desahogarse[7].

Comprendí el horror de mis compañeros sin papeles, los ilegales y los enfermos, los desesperados y los que ni siquiera hablaban un poco el idioma. Si eso me pasaba a mí, que los tenía, ¿qué iba a ser de ellos? Pero luego, al abandonar 20 la comisaría, todo se me pasó de repente. Eva estaba allí, esperándome, no sé cómo me había encontrado, pero estaba allí. Se había cortado el pelo, estaba bellísima. Mi padre se enamorará de ella cuando la vea, seguro. Asentirá[8] sin decir nada y dará las gracias al Profeta por nuestro encuentro, 25 seguro. Dejarla hoy me ha costado más esfuerzo que nunca, por eso me he puesto a escribir estas páginas aunque estoy agotado por todo lo que ha pasado. Quizás escribir me ayude

---

1 zurrarle la badana a alg.: *loc. fam.* jdn. verprügeln
2 el plazo: Frist
3 largarse: *fam.* irse
4 el alfanje: Krummsäbel
5 de tajo: *aquí* completamente
6 pegarle una paliza a alg.: *fam.* jdm. eine Tracht Prügel verpassen
7 desahogarse: sich Erleichterung verschaffen
8 asentir (e>ie): estar de acuerdo, aprobar

a encontrar una solución a mi vida. Tampoco yo quiero separarme de ella, pero ¿qué puedo hacer? ¿Qué? ¿Dejarla que se convierta en un ave y venga a mi país volando?

Alí y los demás querían saber lo que había pasado en la comisaría. Se lo he dicho quitándole importancia, [5] pero al mismo tiempo avisándoles de que la policía está siguiéndonos los pasos, posiblemente vigilándonos, y que cuando hagamos algo que no les guste saltarán sobre nosotros. Alí, muy nervioso, se ha puesto a recitar versículos[1] del Corán, como si eso sirviera de algo. Como dicen aquí, «a [10] Dios rogando y con la maza dando[2]». ¿La maza[3] o el mazo[4]? Otra vez mis problemas con el idioma.

Eva tenía razón. ¿Para qué le voy a dejar un diario en árabe? Un día estaba hablando con un compatriota[5] en un bar de Tetuán, no el Tetuán de allí, sino el de aquí, que creo que [15] se llama Tetuán de las Victorias, cuando el camarero nos dijo que si queríamos que nos sirviera teníamos que hablar en «cristiano[6]». En España se habla en «cristiano», ya lo sé. Aunque no todos son cristianos, éste es un país libre. Muchas religiones, y muchos idiomas, uno es vasco, otro es gallego, [20] otro catalán. En nuestro país se habla un montón de dialectos. Pero eso es bueno, judíos y cristianos, juntos; árabes y judíos, juntos. Juntos cristianos y árabes. En mi opinión, esto enriquece[7] a los pueblos. Pedimos algo de comer, esforzándonos en hablar un buen español de Madrid. [25]

—¿Un «perrito caliente»? —nos ofreció el camarero mostrándonos una salchicha.

---

1 el versículo: el verso (del Corán, de la Biblia)
2 a Dios rogando y con el mazo dando: *prov. etwa* hilf dir selbst, dann hilft dir Gott.
3 la maza: Keule, Schlägel
4 el mazo: Holzhammer
5 el compatriota: persona que es del mismo país
6 hablar en cristiano: *fam.* hablar en español
7 enriquecer (c>zc): hacer más rico/-a, *aquí* hacer más culto/-a

Pusimos cara de poca satisfacción. Él debió de pensar que era por la forma.

—No os preocupéis, que no es la parte del perrito que os imagináis —dijo echándose a reír. Sin duda se trataba de una broma obscena, pero nosotros no nos reímos de la broma porque no nos hizo ninguna gracia. Si no quisimos la salchicha fue porque no comemos cerdo[1], y ya está. No vamos a ir por todos los sitios contando nuestras costumbres; cuando no queremos, no queremos y basta de explicaciones.

Mientras los demás duermen, sintiendo ya que el sueño se acerca a mí, vuelvo a escuchar la cinta[2] con la música de Falla, que he comprando en un mercado que se llama El Rastro. El puesto de las cintas estaba al lado de otro en el que vendían libros con cruces gamadas; también vendían adornos militares de la segunda guerra mundial. Águilas y Cruces de Hierro. Me pareció que eso también demostraba libertad. Era bueno que al lado de música hermosa se vendieran terribles recuerdos nazis. No, no era bueno que se vendieran, era bueno que existiera la libertad de venderse. En mi país es diferente, en muchos países del mundo es diferente. Ahora voy a hacer una cosa, cerraré los ojos y, con los auriculares[3], sin molestar a mis compañeros de piso, dejaré que *El amor brujo* me acompañe hasta mañana. Hasta mañana…

* * *

Me quedan tantas cosas por hacer.

Quisiera acabar mi estudio sobre la música española; o más exactamente, sobre la influencia árabe en la música clásica española. También en la poesía. En uno y otro caso

---

1 el cerdo: *hier* Schweinefleisch
2 la cinta: el casete
3 el auricular: Kopfhörer

las mejores muestras[1] las encuentro en Andalucía, aunque
también las hay en otras regiones como Valencia, Murcia o
Extremadura.

Machado, Lorca, Jiménez, Falla, Albéniz… Pero Albéniz
no es andaluz, sino catalán. Como Granados. Todos grandes 5
músicos.

Me han contado que en Cataluña hay muchos inmigrantes
y que trabajan hasta reventar[2] por unas cuantas[3] pesetas.
Que hay quien les ayuda y que hay quien les explota[4]; como
en todas partes. 10

Me falta tanto por aprender y sólo faltan dos semanas.

Claro que siempre me queda el recurso[5] de volver más
adelante[6]; eso si mi padre consiente[7] y las autoridades
españolas se olvidan de mi nombre. No puedo quejarme
porque soy afortunado[8]: tengo pasaporte en regla, tengo algo 15
de dinero y no vengo a trabajar, sino a estudiar. Por eso me
gusta enseñar, porque sólo comienza a ser libre la persona
que tiene conocimiento. El analfabeto siempre es utilizado
por el poder. Lo sé bien por mi país, por cualquier país
donde exista la ignorancia[9]. Una de las mayores ignorancias 20
es la del idioma. Si todos los que protestan supieran lo difícil
que es dejar el país de uno —familia, costumbres, paisaje—
y encima no entenderse, tener que hablar por señas, ser
mal comprendido y no tener idea de lo que nos dicen los
demás. Si todos los que protestan viajaran un poco, sin 25

1 la muestra: Beispiel, Modell
2 hasta reventar: *aquí* muchísimo
3 unos/-as cuantos/-as: pocos/-as, algunos/-as
4 explotar: ausbeuten
5 el recurso: *aquí* la posibilidad
6 más adelante: *aquí* más tarde
7 consentir (e>ie): estar de acuerdo, aprobar, asentir
8 ser afortunado/-a: tener suerte
9 la ignorancia: el desconocimiento, la falta de saber

apenas dinero, a la aventura; y aún más si ese viaje se hace a la fuerza[1], porque peligra[2] tu vida en tu tierra, porque no tienes qué comer...

5 Ayer, contando los días que me quedaban para tener que decir adiós a este país que quiero, hice un recorrido[3] por los lugares donde viven todos mis conocidos.

Los del puente de Méndez Álvaro lo estaban pasando mal. Rodeados[4] por la policía municipal y nacional, estaban siendo expulsados, mientras unas enormes máquinas tapiaban[5] 10 el ojo del puente[6] para que no volvieran a acampar[7] allí, en el gueto. ¿Dónde iban a dormir a partir de entonces los desterrados[8] de su último y miserable refugio? Una mujer parecía ser su única voz, con las medias[9] rotas, insultando, llorando y suplicando a los policías. Lo vi a cierta distancia, 15 sin saber cómo intervenir. No tenía ganas de tener que dar nuevas explicaciones, y menos en la comisaría. Sólo de pensar que podían estar los mismos que me habían llamado a declarar se me pone la carne de gallina[10].

Luego, como una especie de despedida, me di una vuelta 20 por Madrid. Madrid no es Londres, ni París, ni mucho menos Nueva York, ciudades llenas de negros, chinos, sudamericanos, todos conviviendo con los blancos.

Me gusta Eva. ¡Qué me importa que sea blanca! Eso no es bueno ni malo. Mi padre, cuando la vea, pondrá los

---

1 a la fuerza: por obligación
2 peligrar: estar en peligro
3 el recorrido: el paseo
4 rodear: umzingeln
5 tapiar: *hier* zuschütten
6 el ojo del puente: Brückenbogen
7 acampar: *aquí* vivir, quedarse
8 el/la desterrado/-a: el/la exiliado/-a
9 la media: Strumpf
10 ponerse a alg. la carne de gallina: *loc.* Gänsehaut bekommen

ojos saltones[1] como los de las cabras del Atlas. Sin duda
él hubiera preferido para mí una chica de la familia. Otra
Fátima… Mi padre es bueno, pero demasiado tradicional.
Y además estoy seguro de que Eva, a pesar de ser blanca,
le va a enamorar. Le contaré un cuento, le diré que a pesar   5
de su piel blanca y de sus pecas es de familia gitana[2], que
los gitanos españoles son como nosotros, aunque dicen que
tienen su origen en la India, y no en África. Es posible, pero
los ojos de los gitanos son nuestros ojos. Y eso que, bien
mirado, los ojos de los indios también son nuestros ojos. Y   10
los ojos de los sudamericanos. Tienen nuestros ojos y el color
oscuro de nuestra piel. En el fondo, y a veces también en la
forma, todos somos iguales.

—¡Saïf! —me gritó un compañero de clase, que aquella
noche trapicheaba[3] por Chueca.   15

—¿Qué haces tú por aquí?

—Nada, sacarme unas pesetas.

—¿Cómo?

Con cierto reparo[4] me mostró una papelina[5] blanca. Me
entraron ganas de arrebatársela[6] y arrojarla[7] a la alcantarilla   20
más cercana.

—Si te viera tu padre, se avergonzaría de ti.

—Mi padre murió hace un par de años —me respondió,
con una mirada cada vez más agresiva—. Por eso he tenido
que venirme aquí, para ayudar a mi familia.   25

—¿Y crees que el Profeta aceptará esa ayuda, con la que
puedes destrozar a otras familias?

---

1   poner los ojos saltones: *etwa* glotzen
2   gitano/-a: Zigeuner- +*Nomen*
3   trapichear: *fam.* krumme Sachen machen
4   el reparo: Bedenken, Hemmung
5   la papelina: paquete de papel que contiene una pequeña
     dosis de droga
6   arrebatar a/c a alg.: jdm. etw. entreißen
7   arrojar: lanzar, echar

—A mí no me importa nada el Profeta —blasfemó—, sólo mi madre y sus hijos.

—Con lo que haces dejarás a muchas madres sin hijos. Adiós —le dije estrechándole la mano[1]. No me importó 5 estrechársela porque era un paisano[2] y porque sabía que estaba desesperado. Sólo un desesperado se convierte en un criminal lejos de su país.

—Adiós, Saïf. Cuando vuelvas a casa…

De sus palabras había desaparecido la violencia. Hube 10 de volverme, porque parecía como que me estaba pidiendo ayuda.

—Dime.

—Si ves a mi familia, les dices que estoy bien.

—¿Me pides que les mienta?

15 —Y ni una palabra sobre esto, ¿de acuerdo?

Le miré fijamente, sin saber qué decir. No quería hundirle[3] aún más en el pozo sin fondo[4] en que se encontraba y eché a andar Cibeles arriba, Puerta de Alcalá, Retiro adentro, donde estaban las barcas en las que Eva y yo algún día habríamos 20 de subir. ¿Cuándo? Allí también había compañeros que se ocultaban tras los árboles como sombras. Escuché acentos que no comprendía. Argelinos[5], tal vez; tal vez mauritanos. Y luego los de Sudán, los nigerianos, los de Guinea, Malí, Burkina Faso. Pocos, pero todos reunidos, como organizando 25 su propio gueto, cerca del estanque. Entonces, allá, bajo el frío de la luna fría, tuve la idea.

Tenía que regresar a casa rápidamente para organizar algo en su ayuda. No bastaba con que les diera clases de

---

1 estrechar la mano: die Hand geben, reichen
2 el/la paisano/-a: persona del mismo país, el/la compatriota
3 hundir: eintauchen, versenken
4 el pozo sin fondo: Fass ohne Boden
5 argelino/-a: algerisch

español. Tenía que fundar una sociedad[1], empresa o como se llame, con asesores[2] legales, con profesores titulados[3], ayudantes, médicos, lo que fuera, para que no tengan que esconderse como alimañas[4]. O que no hagan como mi compatriota de Chueca, olvidarse de los hermosos camellos[5] de arena de nuestro desierto para acabar convirtiéndolos en patéticos camellos[6] de nieve[7].

* * *

Querida Eva:

Esta carta, una vez que la haya escrito con el corazón, la traduciré con la cabeza, lo mejor que sepa o pueda, para que puedas guardártela hasta que regrese a tu lado. No sabes lo importante que tú has sido para mí; y además, quiero que lo seas mucho más. Tal vez sea buena nuestra separación, porque así sabremos si esto no habrá sido sólo un espejismo[8]. Sé que es difícil tener un espejismo en invierno, pero recuerda que yo me llamo «verano», y que en el desierto esto siempre es posible. No sólo posible: los espejismos suceden a menudo, casi siempre que hace calor. Por eso, a pesar del poco tiempo que llevamos conociéndonos, estoy seguro de que no eres un espejismo. Cada vez que tu mano se ha cogido de mi mano, he sentido un escalofrío[9]. Cada

---

1 fundar una sociedad: *hier* einen Verein gründen
2 el/la asesor/a: Berater/in
3 titulado/-a: con un diploma de la universidad
4 la alimaña: *aquí* persona criminal, el/la delincuente
5 el camello: Kamel
6 el camello: *fam.* el/la traficante de drogas
7 la nieve: *fam.* la cocaína
8 el espejismo: Fata Morgana
9 el escalofrío: Schauder

vez que me has besado, he sabido lo que son los dátiles[1] y la leche que los nómadas ofrecen a los viajeros.

Tú, Eva, me has ofrecido tu calor, tu mirada profunda, tus sonrisas, que te tomo prestadas sólo hasta que vuelva.

5 Cuando vuelva quiero que me presentes a tu familia, como yo haría con la mía en cuanto llegases a Marruecos. Un poco difícil al principio, ya lo sé, algo violento, pero luego todos se enamorarán de ti. ¿Y los tuyos de mí? (Esto último lo tacho[2], porque es sólo una tontería.)

10 Ahora, mientras escucho la cinta con la música que tanto me gusta, echo una mirada a la calle de mi barrio. No hay nadie, ni siquiera los chicos de las motos, ¿recuerdas?

Por un momento temimos que se nos echaran encima, pero sólo jugaron a dar vueltas a nuestro alrededor.

15 Iban medio bebidos, pero eran simpáticos. Uno de ellos gritó algo así como:

—¡Cuídala que es muy bonita!

Tal vez dijo otra cosa más vulgar, pero yo quiero creer que eso es lo que dijo, y que te sonreía.

20 Mientras se alejaban armando ruido[3], nos abrazamos.

Qué duro fue tener que despedirme de ti aquella noche, tan larga e intensa.

—No puedo quedarme contigo —me dijiste a modo de disculpa.

25 No te lo iba a pedir, aunque lo que más me apetecía en esos momentos era no separarme de ti.

—Mañana… —empecé a decir, temblando un poco por el frío, o porque tú también temblabas a mi lado; lo sentía bajo tu parka, al abrazarme.

---

1   el dátil: Dattel
2   tachar: borrar, anular
3   armar ruido: hacer ruido

—Mañana o pasado, seguro. Te prometo que antes de que te vayas —me dijiste muy convencida, todavía no sé de qué.

Me gusta verte fuerte cuando las cosas son difíciles, Eva. Me gusta que no te pongas a llorar pidiéndome que me quede; porque además de que sabes que es imposible, me hubiera hundido[1] mucho más.

Quiero que seas siempre fuerte, porque los dos juntos seremos como los protagonistas de las películas americanas: ¡invencibles[2]! Tenemos que tomarnos a broma lo que sólo es algo provisional[3]. Pero déjame que te pida un favor, Eva, un favor muy, pero que muy importante. Que me esperes. Necesito que me esperes. Prometo que volveré, pero sólo lo haré si tú me esperas. ¿Lo harás, verdad?

> *¡Ay, no sé qué siento,*
> *no sé qué pasa,*
> *cuando este maldito amor*
> *me falta!*

---

1   hundir: *aquí* desesperarse
2   invencible: → vencer
3   provisional: no definitivo/-a, temporal

1. Saïf llama a su padre para contarle lo que le pasó en la comisaría. También le habla de Eva. Imaginad, escribid y presentad la llamada.
2. Caracteriza
   a) a los policías,
   b) al paisano al que Saïf encuentra en la calle.
3. ¿Qué opinas del comportamiento de los policías durante el interrogatorio?
4. Juzga el comportamiento del compatriota que Saïf encuentra por la calle.
5. Examina la función de la carta.
6. ¿Cuál es la función de los versos al final del capítulo?
7. Preparad un juego de roles. Imaginad que sois dos periodistas y queréis saber cómo es la situación de los inmigrantes en España. Hacéis una entrevista a Saïf y le preguntáis por sus experiencias y su opinión.
8. Busca más informaciones sobre el tema en Internet y escribe el reportaje correspondiente.
9. Eva contesta la carta de Saïf cuando éste ya está en Marruecos. Escribe la carta.

4 Manu

—¿Sabéis por qué existen chinchetas[1] transparentes? —preguntó Wotan masticando chicle y escupiendo a través de sus irregulares dientes sucios. Aunque nadie parecía escucharle terminó su chiste—. Porque también los catalanes tienen derecho a ponerse lentillas[2]... —Se echó a reír mientras 5 añadía en voz más baja—: Y los negros, y los moros, y los judíos, y los niños pijos[3], y...

—¿Dónde está Teo? —quiso saber Manu, indignado porque David Cortés Hurtado hubiera podido escapar y en cambio su alevín no. 10

—¡Y yo qué sé! ¿Acaso soy su papaíto? —Wotan se bebió de un trago media jarra de cerveza y empezó a encender un porro[4] antes de añadir lo que parecía ser un pensamiento en voz alta—: Ocúpate de quien tú sabes y déjanos en paz a los demás. 15

Manu se colocó el puño americano de acero en la mano derecha y la cerró con fuerza, clavando sus uñas en la palma, sin sentir el dolor.

Echaba de menos su navaja barbera. De haberse hecho realidad su deseo la habría sacado rápidamente de la 20 alcantarilla y blandido[5] sobre la cara de Wotan, que ya estaba pidiendo otra birra[6] a la vez que golpeaba el mostrador.

---

1 la chincheta: Reißzwecke
2 la lentilla: Kontaktlinse
3 pijo/-a: *fam.* Schickimicki
4 el porro: Joint
5 blandir una navaja: ein Messer schwingen
6 la birra: *fam.* la cerveza

La Sangre del Poeta tenía menos clientes de lo normal. Águila Juan les invitó a pasar a la trastienda. Tras el saludo-taconazo[1] de rigor[2], el muchacho señaló la fotografía del Führer, como si fuera una divinidad[3].

5 —Él nos ha ayudado a escapar.

—¿Y a Teo no? —protestó Manu—. Teo es uno de los mejores.

—Lo será, lo será —dijo Águila Juan asintiendo con la cabeza—, pero necesita el dolor para conocer bien el odio. 10 Sólo así conseguiremos ofrecer a la sociedad la revolución que precisa[4] de nosotros.

—¿Qué revolución? —preguntó Manu todavía indignado[5] por la ausencia de Teo.

—Lo sabes perfectamente, Manu, la revolución 15 nacionalsocialista. La única que puede salvar a este mundo capitalista y ateo[6], a este mundo de masones[7], judíos y comunistas.

A Manu le aburrían todas esas teorías políticas de las que entendía más bien poco. ¿Qué le importaban a él los 20 masones o los judíos? ¡Todos juntos al crematorio y en paz! Pero Águila Juan no desaprovechaba la menor oportunidad de dar una lección. Y aquélla, con las manos aún calientes, parecía ser de las buenas:

—El nuestro es un nacionalismo revolucionario, que nada 25 tiene que ver con el de los católicos integristas[8], ni con el de los que van contra el aborto[9] o el divorcio. La nuestra es

---

1 el taconazo: Schlag mit den Hacken
2 de rigor: obligatorio/-a
3 la divinidad: Gottheit
4 precisar a/c de alg.: necesitar a/c de alg.
5 indignado/-a: ofendido/-a, enfadado/-a
6 ateo/-a: que niega la existencia de Dios
7 el/la masón/ona: Freimaurer/-in
8 integrista: fundamentalista
9 el aborto: Abtreibung

una rebelión positiva, no negativa como la de los punkys y demás fantoches[1]. ¿Adónde vas?

Manu salía por la puerta sin despedirse. Ya estaba harto de tanta monserga[2] y él tenía que hacer algunas cosas.

En la calle hacía frío y estaba comenzando a caer la 5
niebla. ¡Mejor!, de esta forma pasaría más desapercibido y además podría pensar tranquilamente sobre lo que tenía que hacer. La zona de Argüelles, pese a la derrota[3] del Real Madrid, estaba llena de gente joven. Cosa normal en un fin de semana. Pero por las calles no sonaban las bocinas[4] 10
de alegría, y la Cibeles[5] no habría recibido la visita de los exultantes[6] aficionados.

Manu sintió que le empezaba a doler la cabeza. Los pensamientos se le amontonaban[7] como los equipajes en la baca[8] de un coche viejo. Hacía tiempo que se había 15
quitado el pasamontañas, agradeciendo que el frío viento acariciara su piel desnuda. ¿Dónde estaría Teo? ¿Detenido, herido, escapado, apaleado[9], escondido? ¿Dónde estaría Eva? ¿Estudiando, ya durmiendo, con el baboso[10] árabe? ¿Y el moro de los cojones[11], dónde estaría? Tal vez con los 20
suyos, tal vez solo, debajo de un puente, o hacinado[12] en una habitación, como los monos en el zoológico, seguro.

---

1 el fantoche: Sprücheklopfer
2 la monserga: dummes Geschwätz
3 la derrota: Niederlage
4 la bocina: Hupe
5 la Cibeles: Figura que adorna una fuente en el centro de Madrid donde suelen reunirse los aficionados del Real Madrid después de los partidos.
6 exultante: alegre, estando de fiesta
7 amontonarse: sich anhäufen
8 la baca: Dachgepäckträger
9 apalear a alg.: pegar, golpear a alg.
10 baboso/-a: *aquí* asqueroso/-a
11 de los cojones: *vulg.* Scheiß- +*Nomen*
12 hacinado/-a: eingepfercht

Ya no le importó haber perdido la navaja (a fin de cuentas se podía hacer con una nueva en cualquier tienda, sin permisos ni zarandajas[1]), pero sabía que lo que tenía que utilizar la próxima vez era el arma que estaba en su casa,
5 bajo una baldosa[2] del cuarto de baño.

Un borracho tropezó[3] con él y se le quedó mirando con ojos perdidos.

—¿Me das algo, un cigarrillo, veinte duros[4] para una birrita[5], un beso?

10 El borracho bromeaba, sin saber muy bien lo que decía.

Manu le dio algo: primero un cabezazo[6] en la frente, con tal violencia que él mismo se hizo daño. Como para castigarle por el dolor que estaba sintiendo sobre las cejas[7], de inmediato le clavó su puño cerrado, nudillos[8] y acero,
15 en el estómago. No dijo nada, aunque pensó mientras se alejaba: «Esto es lo que te doy; ¿quieres algo más?».

Aquel individuo le había puesto de pésimo humor. Por unos instantes echó de menos al grupo. A pesar de que había sido él quien había elegido estar solo, sabía que en
20 grupo se podían hacer cosas mucho más efectivas. Los ataques eran más rotundos[9], el miedo que provocaban en los demás infinitamente más intenso, casi se podía oler. Eso era estupendo. Además, en grupo los riesgos eran menores. Porque ¿qué pasaría si de repente se veía rodeado por un
25 grupo de *rockers* o de Ángeles del Infierno?

---

1 sin permisos ni zarandajas: *fam.* sin permisos ni tonterías (*etwa* ohne zu fragen / ohne Erlaubnis oder irgend so einen Quatsch)
2 la baldosa: Fliese
3 tropezar (e>ie) con alg. o a/c: chocar contra alg. o a/c
4 20 duros equivalían aprox. a 60 céntimos
5 la birrita: → la birra, la cerveza
6 dar un cabezazo: dar un golpe con la cabeza
7 la ceja: Augenbraue
8 el nudillo: (Finger)Knöchel
9 rotundo/-a: *aquí* eficiente

¡Bah!, pensó, eso sólo ocurre en las películas americanas. Allí, en Argüelles, en Madrid, en las afueras[1] de Madrid, los que mandaban eran ellos. En eso Águila Juan tenía razón. Eran los más fuertes no sólo por sus puños, cadenas y porras, sino también porque sabían contra quién luchaban. 5

El frío le sentaba bien. El dolor se aplacaba[2] y las ideas iban cobrando su forma[3]. Manu empezó a ver claro que, para llevar a efecto[4] lo que estaba pensando, lo importante era no precipitarse. El siroco que a veces se apoderaba[5] de él, en un caso así, sólo serviría para crearle problemas. 10

De momento, Teo. En realidad era el único del grupo que le gustaba. Los otros hablaban demasiado, uno con sus teorías y el otro con su boca sucia. Pero Teo le observaba y callaba. Así tenían que ser los *skinheads* tal como él los concebía[6]. Nada bocazas[7] y efectivos cien por cien. Algún 15 día, se dijo, él sería el cabecilla[8], y sin tanta bandera con cruz gamada, tanto saludo nazi o fotos del pasado llevaría a sus pequeños ejércitos[9] a barrer[10] la basura de Madrid. En primer lugar a los de piel oscura: negros, moros y, los más próximos, los que se creían españoles no siendo más que un 20 puñado de[11] ladrones y *camellos*, los gitanos.

---

1 las afueras de Madrid: los alrededores de Madrid
2 aplacarse: disminuir, calmarse
3 cobrar su forma: formarse, desarrollarse
4 llevar a efecto: llevar a cabo, realizar
5 apoderarse de alg: sich jds. bemächtigen
6 concebir (e>i): imaginar
7 el/la bocaza: *fam.* Großmaul, Angeber/in (→ la boca)
8 el cabecilla: el jefe (→ la cabeza)
9 el ejército: las fuerzas armadas, *aquí* grupo de soldados
10 barrer: *aquí* quitar, eliminar
11 un puñado de: unos/-as

Gitanos los había a puñados[1], eso era lo malo. Lo bueno era que las chabolas[2] solían estar hechas de madera y cartón, y que ardían[3] de maravilla.

Manu cerró por un momento los ojos y vio la escena de
5 una película que se le había quedado para siempre grabada en su memoria[4]. Misisipí. De noche. Unas sombras blancas se acercan a una cabaña[5] junto al río. Las sombras blancas visten una especie de túnicas y cubren sus cabezas con cucuruchos[6]. En sus pechos llevan bordadas[7] tres letras
10 iguales: KKK. Silenciosamente, uno de los del Ku Kus Klan rocía[8] con gasolina las paredes de la cabaña. El resto, la mitad del bidón[9] aproximadamente, lo vierte[10] en el río, que allí forma un remanso[11], por lo que la gasolina queda flotando[12]. Luego los encapuchados[13] clavan una cruz en el
15 suelo y le prenden fuego al mismo tiempo que a la cabaña, en la que se escuchan alaridos[14].

Del interior, horrorizados, salen una mujer negra y sus hijos, más negros todavía. Entre llamas, invadidos por el terror, parecen teas[15]. Al ver frente a ellos a los del Ku Kus
20 Klan, quieren escapar por el río. Piensan que el agua apaga el fuego. Pero aquella parte del río no sólo tiene agua, sino

---

1 a puñados: *fam.* muchos/-as
2 la chabola: Baracke, Slumhütte
3 arder: brennen
4 grabado/-a en la memoria: im Gedächtnis eingeprägt
5 la cabaña: Hütte
6 el cucurucho: spitze Mütze
7 bordar: sticken
8 rociar: *aquí* mojar, humedecer, empapar
9 el bidón: Kanister
10 verter (e>ie): schütten
11 el remanso: stehendes Gewässer
12 flotar: estar en la superficie de un líquido
13 el/la encapuchado/-a: Vermummte/r, Kapuzenträger/in
14 el alarido: los gritos
15 parecen teas: *etwa* sie scheinen in Flammen zu stehen

también una capa de gasolina incandescente[1]. Los negros arden y se cuecen[2] a un tiempo, ante la mirada aprobatoria[3] de los miembros del clan y de Manu, su espectador cinematográfico, que mentalmente cambia la localización y los actores. En lugar del Misisipí, el Manzanares[4]. En lugar de 5
negros, gitanos.

A la salida del local, pudo escuchar una tímida protesta de una señora, enjoyada[5] y bien cardada[6]. «¡Pobrecitos!», exclamó, pensando sin duda en los niños de la película. Y Manu estuvo a punto de enfrentarse a ella: «Señora, los 10
pobrecitos seremos nosotros como ellos sigan invadiéndolo todo. ¿Le gustaría a usted que su hija se casase con un mono de la selva?». Pero no había dicho nada, porque la eficacia se demostraba actuando contra los objetivos directos, y no arrancándole el pelo a una estúpida mujer que se iba al cine 15
después de haber merendado[7] tortitas con nata[8] junto a sus amigas.

—¡Teo!

Estaba frente a él; al doblar una esquina se lo encontró de cara. Teo intentó sonreír. A pesar de que tenía los pómulos 20
hinchados[9], los labios rotos, la mano vendada[10] y una herida en la cabeza, cerca de la sien[11] izquierda, intentó sonreír.

—¿Has venido a buscarme?

---

1   incandescente: glühend
2   cocer (o>ue): kochen
3   aprobatorio/-a: *aquí* contento/-a
4   el Manzanares: río que pasa por Madrid
5   enjoyado/-a: que lleva joyas
6   cardado/-a: peinado/-a
7   merendar: comer fruta o pastel por la tarde
8   la nata: Sahne
9   los pómulos hinchados: geschwollene Wangen
10   vendado/-a: verbunden, bandagiert
11   la sien: Schläfe

Manu ni afirmó ni negó nada. En su interior le gustaba ver que su alevín estaba libre, pero no deseaba exteriorizar[1] ese sentimiento que le parecía poco masculino. Un hombre no debe mostrar ternura[2] jamás. Sus ojos estaban fijos en la
5 mano vendada, como si aquella herida fuera la única de su compañero.

—El perro policía —explicó Teo queriendo mantener su sonrisa, con lo que su cara se transformaba en una mueca[3] por culpa de los golpes—. El hijoputa del perro me ha tenido
10 bien agarrado[4]. Algún día le sacaré yo a él las tripas.

—¿Te han soltado[5]? —preguntó Manu sin saber muy bien si Teo estaba allí de forma legal o porque se había escapado de los maderos.

—Me han soltado. Pero después de darme un buen
15 repaso[6] —dijo Teo pasando su mano por las heridas de su rostro—. Dicen que si me vuelven a trincar[7], la próxima vez me llevarán al Tutelar de Menores[8]. A veces ser joven tiene sus ventajas.

Las tenía, se dijo Manu, claro que las tenía. Lo que
20 hubiera dado él por tener los quince años recién cumplidos de Teo, y no las veintitantas castañas[9] que le pesaban como si fueran de plomo[10].

—¿Te han hecho hablar?

—¡Bah!, lo de siempre, que cuántos somos, que quiénes
25 somos, que dónde nos reunimos. Lo que ya saben.

---

1 exteriorizar: mostrar
2 la ternura: el cariño, la sensibilidad
3 la mueca: Grimasse
4 agarrar: packen
5 soltar (o>ue) a alg.: poner en libertad
6 el repaso: *hier* Abreibung
7 trincar: detener
8 el Tutelar de Menores: *etwa* Jugendrichter
9 veintitantas castañas: *aquí fam.* entre veinte y treinta años
10 el plomo: Blei

—Y tú has contestado lo de siempre —dijo Manu como si estuviera hablando consigo mismo.

—Claro: que no somos un grupo, que me encontré con vosotros en el bar por casualidad, que me encantan los catalanes, que mi abuelo trabajó en la recolección de fruta[1] en Lérida, no en Lleida como dicen los otros, Lérida, así, en cristiano. Eso le gustó al comisario, que además creo que era del Real Madrid y, en el fondo, estaba encantado de que le hubiéramos dado un repaso a los culés[2]. Lo malo es que...

Teo vaciló. Por primera vez pareció sentir el frío de la noche.

—¿Ha pasado algo más?

—Nada. Pero es que si llego a casa con este aspecto, mi vieja...

—Vente a la mía —dijo Manu, arrepintiéndose[3] casi de inmediato de haberlo dicho.

—¿Puedo, seguro, estás solo?

En los ojos de Teo se notaba algo más que la alegría de que su amigo le ofreciera algo tan suyo.

—Tal vez esté mi hermana, pero ésa no dice nada. Y si abre la boca, peor para ella.

—Únicamente esta noche, ¿eh? —dijo Teo, que parecía no haber escuchado las últimas palabras de su amigo, las amenazas—. El caso es limpiarme un poco, lavarme la sangre de la camisa, todo eso.

—A propósito, ¿se sabe lo que pasó con los del bar?

---

1 la recolección de fruta: Obsternte
2 el culé: *fam.* el/la aficionado/-a del FC Barcelona
3 arrepentirse (e>ie) de a/c: etw. bereuen

—Nada; la sangre es muy aparatosa[1], pero nada más. Si hubiera sido gordo[2], no salgo esta noche[3], tal vez no hubiera salido nunca.

—¡Lástima! —murmuró Manu pensativo. Tanto ruido para tan poco, lástima. Luego miró a Teo—. Pero me alegro por ti. Tendremos que ir andando. El metro ya está cerrado.

—Ni soñarlo.

Teo, como sin duda lo haría un felino[4] en la sabana[5] al acecho[6] de su víctima, lanzó una mirada a su alrededor, entornando los ojos. Por allí había montones de motos, todas ellas encadenadas, con el seguro[7] de acero protegiendo sus ruedas, sus manillares[8]. Pero en ese momento apareció el de *Telepizza*. Sin duda iba a hacer una entrega[9], o acababa de hacerla.

Teo no se lo pensó dos veces. Cogió una mesa de una terraza y se colocó en medio de la calle. Ante la brusca aparición, el telepizzero hubo de frenar bruscamente, saliendo inmediatamente despedido[10] hacia la acera al recibir el impacto[11] de la mesa en el pecho. Aún no sabía bien lo que había sucedido cuando, a través de la abundante sangre que manaba[12] de una ceja[13] rota, entrevió[14] cómo su vehículo se alejaba con dos personas encima. Entonces notó

1 la sangre es aparatosa: *aquí* hay mucha sangre
2 gordo/-a: *aquí* grave, serio/-a
3 no salgo: *aquí* no me habrían puesto en libertad
4 el felino: un tigre o un león
5 la sabana: Savanne
6 al acecho: auf der Lauer
7 el seguro: Sicherung, Sicherheitsschloss
8 el manillar: Lenker
9 hacer una entrega: eine Lieferung ausführen
10 salir despedido/-a: *hier* geschleudert werden
11 el impacto: *aquí* el golpe
12 manar: correr, fluir
13 la ceja: Augenbraue
14 entrever a/c: ver a/c difusamente, vagamente

que apenas podía respirar, que le dolían las costillas[1] y que éstas parecían querer reventarle[2] los pulmones[3].

Manu y Teo, riéndose como si acabaran de ver una película cómica, se perdieron en la noche de Madrid, dirección Vallecas Villa, La Revoltosa, calle con nombre de 5
zarzuela.

* * *

Sin saber muy bien por qué, Manu se apuntó al gimnasio en que solía entrenarse Águila Juan. Éste muchas veces le había animado a que le acompañara —decía que allí había tíos muy majos—, pero Manu siempre había deseado ir por 10
libre, practicar en la Casa de Campo, o dándole patadas a los árboles del Retiro, o ejercitándose con las farolas[4] de la plaza de Colón. Pero de repente, tal y como solía aparecer el siroco en su cabeza, Manu sintió la necesidad de ir a ese gimnasio. Tal vez para ponerse en forma, tal vez con el 15
propósito de, llegado el momento, tener alguna coartada[5].

En *La Sangre del Poeta* nadie se responsabilizaba[6] de nadie. Cuando había redadas[7] o simplemente inspecciones, los de allí solían encogerse de hombros, decir que no sabían nada de los clientes, por muy antiguos que fueran. En cam- 20
bio, en un gimnasio solía existir más solidaridad.

Manu sudó el primer día todo lo que tenía que sudar y un poco más. Contemplaba aquellos cuerpos musculosos,

---

1 la costilla: Rippe
2 reventar (e>ie): romper
3 los pulmones: Lunge
4 la farola: (Straßen)Laterne
5 la coartada: Alibi
6 responsabilizarse de: ser responsable de
7 la redada: Razzia

levantando pesas[1], saltando a la comba[2], apalancados[3] en los aparatos, trabajándose sin descanso. Él no deseaba tener esos físicos de culturistas[4] ni de cachas[5]. Sólo deseaba estar más en forma, para acertar[6] en todo lo que tenía que hacer
5 pronto, ya, de inmediato, y no fallar[7]. Luego, en las duchas, volvía a ver a los atletas desnudos, y no sentía envidia; sólo sorpresa al comprobar que no todos los sexos estaban en consonancia[8] con el tamaño de los bíceps, y que algunos de los que parecían muy brutos y masculinos, al quedarse
10 desnudos, se comportaban como damiselas[9] en celo[10]. Maricones.

Manu tenía que cerrar los ojos para no machacar allí mismo a aquella escoria. Tendría que preguntarle a Águila Juan que por qué iba a aquel gimnasio. Pero la respuesta
15 se la dio el mismo Águila Juan manejando los bastones y cadenas, en sus clases de artes marciales[11]. Él iba allí como si estuviera de maniobras[12], un lugar discreto para el aprendizaje de un soldado como él.

A Manu el gimnasio le venía estupendamente porque
20 salía cansado, y así caía en la cama como un fardo[13], sin molestarse siquiera en echar una ojeada al dormitorio de su hermana. Eso era bueno, porque de lo contrario tal vez

---

1 levantar pesas: Gewichte heben
2 saltar a la comba: seilhüpfen, seilspringen
3 apalancado/-a: agarrado/-a
4 el/la culturista: Bodybuilder/in
5 el/la cachas: *fam.* Muskelprotz
6 acertar en a/c: *aquí* lograr a/c, hacer bien a/c
7 fallar: no lograr, no salir bien
8 estar en consonancia con: coincidir con, corresponder a
9 la damisela: la señorita
10 estar en celo: brünstig, läufig sein
11 las artes marciales: Kampfkünste
12 estar de maniobras: *aquí* estar en la guerra
13 caer en la cama como un fardo: *loc.* todmüde ins Bett fallen
(el fardo: (Stoff)Ballen)

la habría cogido del cuello —estuviera vestida o desnuda— para que le confesase todo lo del moro, quién era, dónde vivía, qué clase de vida llevaba. Mejor así, investigar discretamente, sin una violencia que luego podría volverse contra él. Como había visto hacer a los ricos y a los políticos 5 en las películas de la tele.

Además, localizar y seguir a uno de esos inmigrantes era no sólo fácil, sino además estimulante. Como si olfatease su presa[1], como si todo el proceso de persecución y acoso[2] fuera tanto o más excitante que la caza en sí misma. Los disparos 10 suelen durar tan poco...

—Hace días que no vas por *La Sangre* —le dijo Águila Juan mientras hacía crujir[3] sus dedos, preparándolos para la clase de defensa personal.

—Tengo cosas que hacer —respondió Manu sin ganas de 15 dar más explicaciones.

—No me digas que has buscado un trabajo —se mofó[4] el otro.

De haber sido Wotan, Manu sin duda le habría atizado[5] un buen rodillazo allí donde más duele. Pero Águila Juan 20 era diferente.

—No es eso, son cosas mías.

—Pues piensa más en lo que esto representa —dijo señalando la Cruz de Hierro que continuaba colgada de su pecho— que en ti. 25

—Ya.

Aquella tarde, Manu golpeó el saco terrero[6] como si fuera el mismísimo Casius Clay, el primitivo, el de antes, porque

---

1 olfatear la presa: die Beute wittern
2 el acoso: Verfolgung, Hetzjagd
3 crujir: knirschen, knacken
4 mofarse: burlarse
5 atizar: dar, propinar
6 el saco terrero: saco llenado de arena

luego se convirtió a una religión que le cambió de nombre. Mohamed Alí. Manu pensó que aquel saco terrero era el propio Casius Clay, negro y moro a la vez. Un total desperdicio[1] para la raza humana.

5 Buscó por la zona del estanque del Retiro, donde los había de todas las tonalidades[2] oscuras. Buscó por Chueca y sus alrededores. Buscó y fue encontrando pistas[3]. Supo lo de la plaza Mayor, supo lo del puente de Méndez Álvaro, y lo de la redada del distrito de La Latina. Hasta hubo alguno 10 que, al verle solo, intentó hacerle frente[4].

—Si quieres saber algo, pelón de mierda, vuelve con los tuyos —le dijo un chaval con cara de mono africano.

Manu estuvo a punto de dejarlo estar; a fin de cuentas tenía el convencimiento[5] de que aquel pedazo de basura no 15 sabía nada que pudiera servirle para sus propósitos[6]. Pero tampoco podía permitir que un macaco[7] se le subiera a la chepa[8]. Lamentó no haber comprado, o afanado[9], una nueva navaja barbera. Hizo como que se daba la vuelta, como que se agachaba[10] para atarse las botas; pero es que había visto una 20 botella rota a sus pies, el casco[11] de una bebida cualquiera, cristales afilados[12], con forma de corona de espinas[13]. Se la clavó al mono entre los ojos, apretando y girando la mano al mismo tiempo. No se quedó a ver si le había dejado ciego

---

1 el desperdicio: *hier* Schande
2 la tonalidad: Schattierung
3 la pista: el indicio, la huella
4 hacer frente: enfrentarse
5 tener el convencimiento de: estar convencido/-a de
6 el propósito: el plan, la intención
7 el macaco: una especie de mono
8 subirse a alg. a la chepa: *fam. etwa* jdm. auf der Nase herumtanzen
9 afanar: *fam.* robar
10 agacharse: inclinarse
11 el casco: *aquí* la botella
12 afilado/-a: geschliffen
13 la corona de espinas: Dornenkrone

o simplemente con la cara destrozada[1]. No le importaba
el mundo. Sólo una persona, o dos. Eva, porque tenía que
protegerla incluso de sí misma. Y el maldito moro del que
Wotan le había estado susurrando[2] al oído durante semanas:
«¿No vas a hacer nada?», «¿Vas a seguir con los brazos
cruzados?», «¡Caña al negro sin piedad!». Y luego, en otro
tono de voz, asqueroso como sólo él sabía serlo, entre chicle
y babas: «¿Te imaginas a tu hermana sobada[3] por eso?
¿Desnudada por eso?».

Manu se alegró de haber machacado[4] al negro que ahora,
gracias a la sangre, estaría cambiando de color. Eso es lo que
tenía que hacer con todos los que se cruzaran en su camino,
con todos los que no aceptaran su forma de ser.

—¡Eh, tú, párate!

Manu, en un principio, no supo que se dirigían a él.

Acababa de entrar en el metro por el sistema de siempre,
un salto sobre las barras de control, y adentro. Y ahora
dos chulos[5] de uniforme pretendían pedirle explicaciones.
Tendría que hacerse con[6] un vehículo, como había hecho
Teo con la moto del pizzero, o Águila Juan mucho tiempo
atrás con el Citröen cascajo[7]. Lo malo de eso es que había
que echarles combustible[8] y eso, instaba una pasta[9].

—¡Eh, tú, quieto ahí!

Manu empezó a sudar. Una cosa era pegarle a un macaco
—resultaba emocionante y además era lo que había que
hacer— y otra enfrentarse a dos tíos armados con cara de

---

1 destrozar: destruir
2 susurrar: hablar en voz baja
3 sobar: *fam.* befummeln, betatschen
4 machacar: *aquí* atacar
5 el chulo: Angeber
6 hacerse con a/c: sich etw. beschaffen
7 el cascajo: Schrott
8 el combustible: la gasolina
9 instar pasta: *fam.* exigir dinero, costar caro

mala leche[1]. Ahora sí que echó de menos al grupo, incluso no le hubiera importado tener a Wotan a su lado. Estaba tan loco que hubiera sido capaz de arrebatarle[2] el revólver a uno de ellos y disparar contra el otro mientras ellos escapaban.

5 —¿Quién te crees que eres, el hombre invisible? —dijo el que parecía el jefe, y que usaba gafas de sol a pesar de que se encontraban dentro de los túneles del metro.

Manu no respondió. Sabía por experiencia —por ejemplo cuando él llevaba la voz cantante[3] y los que tenían miedo
10 eran los demás— que hablar en esos momentos excitaba a los que tenían la fuerza de su lado. Pero les miró. Antes de que pudiera reaccionar, recibió un bofetón[4] y fue arroja-do[5] violentamente contra la pared y cacheado[6]. No llevaba nada. Ahora se alegró de haber arrojado la navaja por la
15 alcantarilla. Los del servicio de seguridad, tal vez porque no tenían ganas de monsergas[7], o acaso porque la gente estaba empezando a detenerse a contemplar la escena y eso podría complicarles las cosas, decidieron simplemente expulsarle[8].

—¡A la puta calle! Si quieres viajar en metro ya sabes
20 dónde están las taquillas.

Manu se sintió humillado y dolorido. Aquella tarde, en el gimnasio, sustituyó la cara de Mohamed Alí por la del tipo con gafas de sol. Y le golpeó, le golpeó, una y otra vez, fuerte, duro y sin descanso, hasta que se despellejó[9] los
25 nudillos, dejándoselos en carne viva.

---

1 de mala leche: *fam.* de mal humor
2 arrebatar: entreißen
3 llevar la voz cantante: *loc.* den Ton angeben
4 el bofetón: kräftige Ohrfeige
5 arrojar: lanzar
6 cachear: *fam.* durchsuchen, filzen
7 la monserga: dummes Geschwätz
8 expulsar a alg.: *aquí* echar a alg. a la calle
9 despellejarse: quitarse la piel

Por la noche, como si el destino se aliara[1] con su siroco, Wotan, con una sonrisa de reptil, le señaló a Saïf.

—Mira.

A Manu no le importó que el destino eligiera a Wotan; lo mismo le hubiera dado que fuera la mano de Dios o la 5 del Führer de Águila Juan quien pusiera ante sus ojos la presa[2] que había estado buscando. Lo había encontrado y eso bastaba. De esta forma, Manu vio por primera vez al muchacho árabe que salía con su hermana. Llevaba una parka azul marino y un inconfundible[3] gorro de lana color 10 granate.

1. Resume el capítulo.
2. Comenta los acontecimientos descritos en este capítulo.
3. Retrata a Manu como delincuente juvenil.
4. Preparad una mesa redonda con el tema «la violencia urbana».
5. Compara la manera en que los policías trataron a Teo –según lo que le cuenta él a Manu– con la manera en que trataron a Saïf.

---

1 aliarse con alg.: unirse con alg., formar una alianza con alg.
2 la presa: Beute
3 inconfundible: que no se puede confundir

5 Eva

—¿Estás segura?

—Segura —te dijo Virginia con una sonrisa de satisfacción, como si fuera ella, y no tú, la que iba a estar con su chico.

5   —No quiero crearte ningún tipo de problema —replicaste tosiendo. Aquella mañana te habías levantado algo acatarrada[1], te dolía un poco el pecho y la garganta[2] te picaba como si hubieras estado fumando, algo que nunca hacías, ya que te molestaba incluso que fumaran a tu lado.

10   —Pero, Eva, dime, ¿qué otro sitio hay? ¿En tu casa con tu hermanito? ¿En la mía con mamá? ¿Bajo un puente con el frío que hace? ¿En una pensión como si fueras una...?

Virginia te ofreció la llave que resplandecía[3] en su mano como si fuera la llave mágica de un cuento de hadas[4].

15   —Además, es un lugar precioso, parece un bosque; y se está muy calentito, que con lo que está cayendo...

Aguanieve. Caía aguanieve. Los coches utilizaban sus limpiaparabrisas[5] y algunos incluso habían encendido los faros[6] a pesar de que sólo era media tarde.

20   —A medianoche, ya sabes. Cerramos al público y luego tú, vosotros...

---

1 acatarrado/-a: resfriado/-a (→ el catarro)
2 la garganta: *hier* Hals
3 resplandecer: brillar
4 el cuento de hadas: Märchen
5 los limpiaparabrisas: Scheibenwischer
6 el faro: Scheinwerfer

Quisiste no darle importancia a lo que tu amiga te ofrecía, como si fuera algo natural, cuando para ti era la primera vez, es decir, la única vez.

—¿Y hay gente que compra a esas horas? —Tosiste de nuevo, mientras se empañaban[1] ligeramente tus ojos. Aquella tos era molesta.

—Chica, con las navidades encima todo el mundo se vuelve loco, que si abetos[2], que si muérdago, de todo. Es un negociazo[3], ya te digo. Si yo tuviera pasta pondría[4] un vivero[5].

—Pasta… —te quedaste pensativa—, si yo tuviera pasta me iría con él. O mejor, no le dejaría irse, compraría un palacio y nos encerraríamos dentro.

—¿Y su familia?

—Me la traería —bromeaste—. El palacio sería muy grande y cabríamos todos.

—Me parece que con ésos más que un palacio tendrías que comprarte una mezquita.

—Lo que sea. Pero como no hay pasta tampoco hay sueños. Los había, concentrados en esa llave pequeña, plana[6] y brillante.

—Cógela —te insistió Virginia.

—¿Y tú?

—He hecho esta copia para ti. ¿No ves lo nueva que está? Sentiste una oleada[7] de emoción. Virginia, tu compañera en el supermercado, la feúcha[8], pensaba tanto en tu felicidad,

---

1 empañar: perder el brillo
2 el abeto: Tanne
3 el negociazo: el gran negocio
4 poner: *aquí* abrir
5 el vivero: tienda donde se cultivan y venden plantas
6 plano/-a: flach
7 una oleada de emoción: una emoción fuerte e intensa
8 feúcho/-a: *fam.* feo/-a

que había hecho una copia de la llave para ti. La abrazaste
sin saber qué decir. Sólo te salió una palabra del corazón:

—Gracias.

—Venga, no seas tonta, no irás a llorar ahora —te dijo
5 Virginia ofreciéndote un pañuelo de papel.

—Es por la tos… —dudaste antes de expresar en voz alta
lo que estaba pensando—. Pero ¿y él?

—¿Él qué?

—¿Qué dirá?

10 —¡Qué va a decir! Te dará un beso como éste.

Virginia te besó al mismo tiempo que subía la cremallera[1]
de tu parka.

—Abrígate, hace frío.

—Está a punto de nevar.

15 —Cuida esa tos.

—¿Qué hora es?

—Aún quedan unas cuantas hasta las doce de la noche.

Las dos sonreísteis, sabedoras[2] de que a partir de ese
momento erais mejor amigas que antes si cabe[3].

20 Los clientes del supermercado estaban sorprendidos
de tu amabilidad. «Sí, señora, como usted quiera, señora,
felices fiestas, señora, que sea usted feliz.»

Nadie se marchaba sin tus frases de cariño. Hasta ese
momento, las navidades para ti eran únicamente motivo
25 de más trabajo. Las compras se acumulaban[4] y en muchas
ocasiones os pedían que os quedarais más tiempo del debido
para cerrar las cajas. Naturalmente esas horas extras no os
las pagaban, pero ¿quién se iba a atrever a protestar, con
el paro[5] que había? Solamente cruzaste los dedos para que

---

1 la cremallera: Reißverschluss
2 sabedor/-a de a/c: seguro/-a de a/c
3 si cabe: si es posible
4 acumularse: sich anhäufen, sich ansammeln
5 el paro: el desempleo

aquella tarde, ya casi noche, no salieras muy tarde. Estabas
deseando ir a la academia. Sabías que Saïf, a pesar de su
situación cada vez más precaria[1], no faltaría. Ibas a decirle
que estabas dispuesta a cualquier cosa para seguir a su lado,
que irías a protestar a una asociación contra la xenofobia[2], 5
que denunciarías a los policías racistas, que no ibas a dejarle
ni un minuto a solas, aunque, eso supusiera tener que faltar
unos días al trabajo, e incluso enfrentarte con tu hermano,
que llevarías el caso hasta el Defensor del Pueblo[3] si era
preciso, todo para evitar que tuviera que subirse a un avión 10
marroquí camino del desierto. Necesitabas el calor de su
nombre sobre ti como una manta de amor. Le esperaste en
las escaleras de la academia, necesitabas verle a solas, no
delante de los demás alumnos, no podías esperar a que la
clase terminase. 15

—Saïf…

—Hace mucho frío —bromeó frotándose las manos sin
guantes[4]—. En mis montañas también nieva, pero luego
bajas y te encuentras los oasis y las dunas.

Entonces tú hiciste con él algo que te había enseñado el 20
día en que os conocisteis. Tomaste sus manos, las introdu-
jiste bajo tu parka, bajo tu jersey y camisa, hasta acogerlas
bajo tus cálidas axilas. Al hacerlo, inadvertidamente, una de
ellas rozó tus pechos, y tú te estremeciste[5].

Poco a poco, como si el tiempo quisiera ocultaros a la 25
vista de los demás, comenzó a caer una densa niebla sobre
Madrid. Y el aguanieve era cada vez menos agua para ser,
cada vez más, nieve. Los primeros copos[6] blancos se habían

---

1 precario/-a: difícil
2 la xenofobia: el odio a los extranjeros
3 el Defensor del Pueblo: Ombudsmann (Volksanwalt, Art Vermittler
   zwischen Bürgern und Behörden)
4 el guante: Handschuh
5 estremecerse: *hier* erschaudern
6 el copo: Flocke

depositado sobre los hombros y el gorro granate de Saïf, que tú mirabas como el primer día.

—Vámonos.

—¿Adónde?

5   —A cualquier sitio, a hacer tiempo[1].

—¿Cómo se hace tiempo? —quiso saber Saïf no entendiendo muy bien el significado de tu propuesta.

—Anda, vamos —sonreíste antes de besarlo—, te lo explicaré por el camino.

10   Abandonaste el portal tan fundida[2] con él, que no pudiste ver que alguien os observaba y os veía entrar en un bar que hacía esquina[3].

Manu, escondido detrás de un camión de reparto[4], sintió que sus ojos se cegaban. ¿La niebla, los copos de nieve, tal 15 vez el siroco? Mecánicamente, como si lo tuviera preparado, detuvo un taxi con la mano. El conductor vaciló al ver su cráneo rapado, pero no pudo hacer nada por impedir que Manu subiera al vehículo, ya que un semáforo en rojo había detenido la circulación por unos momentos.

20   Manu —luego lo supe con todo detalle— pidió al taxista que le condujera hasta la calle de La Revoltosa. No estaba lejos de allí, pero tenía mucha prisa. Le ordenó esperar. El taxista seguramente dudó en hacer lo que el extraño cliente le pedía, o escapar aprovechando que estaba solo. Pero, según 25 confesó después, algo le retuvo[5]. Tal vez la curiosidad, o la necesidad de cobrar la bajada de bandera[6], la profesionalidad en suma; que si no le había pasado nada a la ida, ¿por qué le iba a pasar a la vuelta? Las calles, además, estaban bastante

---

1   a hacer tiempo: *etwa* um Zeit zu schinden / herauszuschlagen
2   fundido/-a: unido/-a
3   un bar que hacía esquina: *etwa* Eckkneipe
4   el camión de reparto: Lieferwagen
5   retener a alg.: jdn. zurückhalten
6   cobrar la bajada de bandera: den Anfahrtspreis kassieren

concurridas[1], si hubiera sido en un descampado[2] otro gallo hubiera cantado[3]. Lo que el taxista no sabía es que Manu había subido a su piso desarmado[4], pero había bajado con una 9 mm *Parabellum* en su bolsillo. Cargada[5].

Después de pegar una patada a la escobilla del retrete[6], después de levantar la baldosa del suelo como lo haría un preso[7] desesperado porque le fuera en ello la libertad, Manu extrajo[8] la pistola y comprobó que todas las balas[9] encajaban en su sitio[10]. Los sonidos metálicos del arma le aliviaron[11] el dolor de cabeza que había empezado a apoderarse de él. Sentía cómo palpitaba[12] la vena de una de sus sienes y hubiera dado cualquier cosa por detener aquel terrible latido[13]. Para calmarse o quizás para darse ánimos, apuró[14] el contenido del frasco[15] de alcohol de 96° que teníais en el botiquín[16] del cuarto de baño. Luego ordenó al taxista volver al sitio de partida, algunas manzanas más allá. Y, cosa extraña, le pagó. En otro momento, sin duda, habría salido por las buenas[17] del vehículo, y ante las protestas del conductor le habría hecho

---

1 estar concurrido/-a: estar lleno/-a de gente, frecuentado/-a
2 el descampado: *aquí* lugar donde no hay nadie
3 otro gallo hubiera cantado: *loc.* la situación hubiera sido diferente
4 desarmado/-a: sin armas
5 cargado/-a: geladen
6 la escobilla del retrete: Klobürste
7 el/la preso/-a: el/la detenido/-a, el/la prisionero/-a
8 extraer: sacar
9 la bala: Kugel
10 encajar en su sitio: estar en su sitio
11 aliviar: mildern, lindern
12 palpitar: schlagen, pochen
13 el latido: Schlagen, Pochen
14 apurar: *aquí* beber todo el contenido
15 el frasco: una botella pequeña
16 el botiquín: Verbandskasten
17 por las buenas: *aquí* sin violencia

comprender que tenía que acatar[1] su voluntad por las malas[2].
Pero de forma mecánica, sin mirarle siquiera, sin esperar la
vuelta[3], tu hermano le había pagado la carrera[4]. Mientras
tanto tú seguías con Saïf en aquel bar, ahora con los cristales
empañados[5] por el frío de la calle y el calor de dentro. Saïf,
una vez más, inclinó la cabeza para mirarte. Tú, una vez
más, le besaste. Manu, apretando los dientes, con las manos
en los bolsillos de su chupa, sonrió con amargura[6]. Aún
estabais allí, no os habíais desvanecido[7] como había temido
que sucediera. Respiró profundamente, sabiéndose cerca de
su misión, de una misión a la que se había comprometido
desde que el Wotan aquel de los cojones le hablara de ti. Se
sentía seguro y muy convencido. Entonces escuchó el ruido
de un motor a sus espaldas. Se volvió bruscamente, a punto
de utilizar la pipa[8] contra quien fuera, cuanto más autoridad
mejor.

—¡Hola!

Teo estaba a horcajadas[9] sobre la moto de *Telepizza*, a
la que había arrancado la caja donde llevaban los pedidos[10],
sustituyéndola por un viejo sillín de bici[11] atado con cinta
adhesiva[12].

---

1 acatar: respetar
2 por las malas: wohl oder übel
3 la vuelta: el cambio (dinero)
4 la carrera: *hier* Fahrt
5 empañar: beschlagen
6 la amargura: Verbitterung
7 desvanecerse (c>zc): desaparecer
8 la pipa: *fam.* la pistola
9 a horcajadas: rittlings
10 el pedido: Bestellung
11 el sillín de bici: → la silla; → la bicicleta
12 la cinta adhesiva: Klebeband

—Vete —le dijo al muchacho, que aún conservaba la venda[1] cubriendo la mano mordida[2] por el perro policía.

—¿Por qué?

—Tengo que ir solo.

—Yo únicamente te llevo y te traigo. Lo que luego tengas que hacer es cosa tuya —le dijo muy seguro de sus palabras—. Si sólo quieres que espere, pues espero y ya está. 5

Manu echó a andar, pero se detuvo a los pocos pasos. La cabeza le dolía, la pistola le pesaba, sus ojos parecían velados[3] por la niebla y el frío. Se dio la vuelta y miró fijamente a Teo, 10 que sonreía con inusual seguridad. A continuación se montó en la parte trasera de la moto.

—Está bien —es todo lo que dijo.

Pero él, haciendo un esfuerzo por divisar[4] la escena que dentro de poco se iba a realizar ante sus ojos, sabía que no 15 estaba tan bien como decía; que, por el contrario, aquella decisión podía llevarle directamente al infierno. Aunque, para un cabeza rapada como él, el infierno quizás fuese el sitio donde se podía encontrar más a gusto. ¿No es así, Eva? 20

1. Resume brevemente lo que pasa en el capítulo que acabas de leer.
2. Analiza la perspectiva narrativa: ¿Cuál podría ser la relación entre el narrador y los personajes principales? ¿Quién es el narrador?
3. ¿Cómo va a terminar la historia? Escribe el desenlace.

---

1 la venda: Binde
2 morder (o>ue): beißen
3 velado/-a: verschleiert
4 divisar: *aquí* imaginarse

6 Saïf

Hoy me he pasado todo el día encerrado en casa, escribiendo y pensando. Tengo que acabar la carta que le he escrito a Eva y que quiero que lea cuando ya me haya marchado. Si le gusta lo que le digo, será como un pasaporte de regreso.

5 Un compromiso[1] para volver a España, o una invitación para que ella venga a mi casa.

Lo único que sé es que la quiero y que a partir de hoy mismo no puedo vivir sin ella. Es absurdo, ¿verdad? Casi no nos conocemos, apenas hemos cogido nuestras manos o jun-

10 tado nuestros labios unas cuantas veces, pero cuando miro en sus ojos siento como si me sumergiera[2] en las arenas del desierto, cálidas, acogedoras, infinitas.

Hoy seguramente la veré en la academia y se lo diré. Le diré que la quiero, y también que pasado mañana me

15 voy. No voy a agotar el plazo[3], me sería imposible pasar la última noche del año a su lado, sufriendo, viéndola sufrir. Así, cuanto antes me vaya, antes podré poner en orden mis cosas —papeles, mi cabeza, mi corazón— y regresar. Estoy seguro de que, como dicen aquí, «año nuevo, vida nueva».

20 Y que cuando llegue enero todo mejorará. Habré hablado con mi padre, le explicaré lo que siento y que no quiero renunciar[4] a ella.

---

1 el compromiso: el pacto (Abmachung)
2 sumergirse: eintauchen, versinken
3 agotar el plazo: die Frist ausschöpfen
4 renunciar a a/c: auf etw. verzichten

Mi casa de Madrid, siempre tan llena de gente, hoy me ha parecido un cementerio[1]. Alí y los demás se han ido a ganarse la vida —repartiendo publicidad, vendiendo revistas por la calle, ofreciendo alfombras o relojes de baratija[2], negociando con tabaco de contrabando[3]...— y sólo se oye el sonido de mi bolígrafo al deslizarse por el papel.

Bueno, el bolígrafo y la música que tanto me gusta y que hoy he podido escuchar sin auriculares, a todo volumen.

Eva. Me gusta su pelo corto; parece un chaval, tan encantadora, tan frágil, pero al mismo tiempo tan fuerte. No sé cómo explicarlo.

El sol brota[4] en el horizonte,
la arena se incendia[5],
las sombras empiezan a desvanecerse
en el calor que nace,
y yo te miro.
Te miro, Eva, como lo hace el sol
con la arena,
como lo hace la arena con la sombra,
la sombra con el horizonte.
Entonces lo comprendo, Eva:
Mi mirada no es sólo mirada,
es amor.
Mi amor no es sólo amor,
es mi vida a tu lado.
Mi vida es el horizonte que se divisa
a lo lejos.
Entonces lo siento, Eva:

---

1 el cementerio: lugar donde están enterrados los muertos
2 la baratija: cosas de poco valor
3 el contrabando: Schmuggel
4 brotar: *aquí* salir
5 incendiarse: sich entzünden

El único horizonte de nuestras vidas
está allí, precisamente allí,
en el horizonte.
El viento sopla donde quiere,
5 *pero siempre, siempre,*
me acerca más a ti.

No sé si me atreveré a entregárselo[1]. Es el primer poema que escribo en mi vida, pero he sentido tal necesidad de
10 hacerlo que me ha salido de un tirón[2]. Me ha bastado pensar en Eva para escribirlo. Ahora estoy deseando volver a verla para dárselo en mano, o, si no me atrevo, para meterlo en la carta que ella leerá cuando yo esté lejos.

Si hubiera alguien en casa, y no yo solo con mi bolígrafo
15 y mi música, le diría a gritos: la quiero tanto.

Y nadie se atrevería a preguntarme su nombre porque todos lo conocen. Ella se llama Eva.

---

1 entregar: dar
2 de un tirón: de una vez

7 Manu, Eva, Saïf

MANU

La moto de Telepizza seguía al autobús —último del día, búho[1] municipal— a algunos metros de distancia. Aunque la niebla era cada vez más espesa[2], Manu no quería que Teo se acercara más por temor[3] a que su hermana le reconociera.

—Más despacio. 5

—Lo vamos a perder —dijo Teo, que tenía dificultades para manejar una moto que de vez en cuando le patinaba[4].

Pero el autobús no parecía tener prisa. De parada en parada iba soltando su cargamento[5] humano hasta completar su recorrido[6]. A pesar de lo tarde que era, ya medianoche, 10 iba bastante lleno. Tal vez porque era el último y la gente no quiere coger un taxi, con lo caros que son.

—¿Adónde irán?

—Ni puta idea —dijo Teo.

Manu pensó que si el conductor fuera Wotan, seguro que 15 le llevaba al lugar exacto. Porque mucho se temía que aquel baboso había seguido a su hermana en más de una ocasión. Si no, ¿cómo es que sabía tantas cosas de ella?

—No lo pierdas de vista.

—Eso está hecho. 20

---

1 el búho municipal: Nachtbus (el búho: Uhu)
2 espeso/-a: dicht
3 el temor: el miedo
4 patinar: wegrutschen, schlittern
5 el cargamento: Fracht
6 el recorrido: Strecke, Tour

Manu clavaba sus ojos en la ventanilla empañada del vehículo que les precedía. No era difícil distinguir a la pareja porque, a pesar de la gente, en todo el autobús sólo una persona llevaba un gorro de lana color granate.

5 —Un gorro de lana —dijo a media voz, haciendo que Teo se volviera.

—¿Qué dices?

—Nada, tú conduce.

Teo había tenido que hacer un zigzag para evitar un
10 patinazo[1] sobre una zona helada. En las afueras, la carretera dejaba mucho que desear y los baches[2] eran constantes.

El frío crecía conforme avanzaba la noche, una noche en la que cuando la niebla dejaba ver el cielo se podían contemplar estrellas luminosas. Pero la niebla era cada vez
15 más intensa que las estrellas.

—¡Para, para!

Teo frenó en seco[3], casi al mismo tiempo que el autobús lo hacía en una parada de la que no se veía marquesina[4] ni nada.

20 Descendió un grupo de gente. Manu comprobó que el gorro granate de lana continuaba dentro.

—Sigue.

El tubo de escape[5] de la moto hacía un ruido espantoso y a Manu se le antojaba que aquello era como una alarma que
25 ponía en sobreaviso[6] a todos los que se cruzaban con ellos.

No era así.

Los iluminados pilotos[7] del autobús se alejaron.

---

1 el patinazo: Schlittern, Schleudern
2 el bache: Schlagloch
3 en seco: de repente
4 la marquesina: *aquí* el techo
5 el tubo de escape: Auspuffrohr
6 poner en sobreaviso: advertir, avisar
7 el piloto: *aquí* los faros

—¡Arranca[1]!

La moto se había calado y Teo no era capaz de ponerla en marcha de nuevo.

—¡Arranca o te mato! —exclamó Manu pensando en bajarse y echar a correr tras el vehículo, del que casi ya no se veía nada.

El motor ronroneó[2] de nuevo y la moto siguió a su presa.

* * *

EVA

Viste descender a Saïf del autobús, y sentiste que era como si aquélla fuera la verdadera despedida. Primero en el bar, y luego durante el trayecto hasta el vivero después, te habló de su país, de su familia, de música y poesía. Te confesó que había escrito una carta para ti, pero que no te la dejaba leer hasta que hubiera cruzado el mar y las montañas. Sentía pudor[3] al sumergirse en tus ojos, estremecimiento al coger tus manos.

—¿Tienes algún mal? —te preguntó Saïf en su defectuoso[4] español al ver que tosías de vez en cuando.

—Hace tanto frío. La casa está helada; a las horas que llego ya no enciendo la estufa[5], y luego tengo la manía de levantarme en camisón[6], como si estuviera en pleno verano.

—Estás loca —te contestó Verano quitándose el gorro de lana granate y cubriendo con él tu cabeza.

---

1   arrancar: poner (el motor) en marcha
2   ronronear: schnurren
3   el pudor: la vergüenza
4   defectuoso/-a: con errores
5   la estufa: el horno
6   el camisón: Nachthemd

Te acurrucaste[1] junto a él.

—Te voy a echar tanto de menos.

—Será poco tiempo, seguro. Yo escribiré, tú escribirás, ¿seguro?

5 —Seguro, mi querido Verano.

—Tengo vergüenza —dijo de repente Saïf.

—¿Por qué?

—Por tu amiga. ¿Qué pensará de nosotros?

—¿Virginia? —te echaste a reír—. Ella es la que me ha 10 dado la llave. La idea es suya.

—Tiene que ser buena amiga para darte la llave.

—Me quiere. Quiere que sea feliz.

—Alguien puede vernos juntos.

Tal vez Saïf tenía razón y era mejor no entrar juntos en 15 el vivero.

—Está bien, tú te bajas en la parada anterior y vas andando. No tiene pérdida, al fondo de la calle, cerca del final de trayecto[2], a la derecha, se ve desde la carretera. Un vivero grande. Yo iré primero, iré abriendo, te espero allí.

20 Mostraste una pequeña linterna[3] que llevabas en el interior de tu parka azul marino.

—Haremos como en las películas de espías[4]. Enciendo, apago, enciendo —dijiste jugueteando con la linterna, de la que salía un pequeño hilo[5] de luz cada vez que dabas a su 25 interruptor[6].

—¿Espías?

Saïf no había entendido muy bien y tuviste que volver a explicárselo.

---

1 acurrucarse junto a alg.: sich an jdn. kuscheln
2 el trayecto: el camino
3 la linterna: Taschenlampe
4 el/la espía: Spion/in
5 el hilo: Faden, *hier* Strahl
6 el interruptor: el botón para encender y apagar (la luz)

—Enciendo, apago, enciendo.

Él se bajaría primero, seguiría la línea del autobús y llegaría al vivero. Para entonces tú ya estarías allí esperándole. Le abrirías la puerta como si fuera tu casa, para él, para los dos. Y a su lado verías amanecer[1]. Te apetecía mucho ver amanecer, por primera vez, a su lado. Te dio mucha rabia que en esos momentos te entrara de nuevo la tos.

—Cuídate —te dijo Saïf—, me tienes que durar mucho —bromeó.

Te gustó lo que dijo y cómo lo dijo, sin utilizar mal los verbos, colocando cada palabra correctamente en su sitio. Le diste un rápido beso antes de que él se bajara con un grupo de gente, confundido entre la pequeña multitud. Había sido un beso fugaz[2], casi perdido en el aire por culpa de las prisas. Pero te dijiste que luego te resarcirías[3], en el vivero, fundiéndote en sus brazos, cálidos como su nombre.

Ya quedaba poco, muy poco.

* * *

MANU

Manu respiró profundamente a la vez que sonreía. Tenía suerte, mucha suerte. Sólo el muchacho había descendido del autobús.

No necesitaría utilizar todo el cargador[4]. Un perro comenzó a ladrar en el mismo momento en que Teo cortó el contacto[5] de la moto.

---

1 amanecer: dämmern
2 fugaz: muy rápido/-a
3 resarcir(se): compensar
4 el cargador: Magazin
5 cortar el contacto: *aquí* apagar el motor

—¡Maldito perro! —dijo mirándose la mano vendada, como si aquel animal fuera el mismo que la policía azuzara[1] contra él. El perro era un pastor alemán[2] enorme, sujeto por una gruesa cadena a una pared de piedra.

5 Manu sacó la pistola de debajo de su chupa negra.

—¿Me dejarás una? —preguntó Teo sin quitar la vista del perro, al que parecía excitar la presencia de los dos compañeros.

—¿Una qué? —preguntó Manu sin mirarle, sus ojos fijos
10 en la figura que se alejaba por el camino—. No tengo más que ésta.

—Una bala, la última, para ese hijoputa.

Teo disfrutaba de antemano[3] pensando en que la cabeza del perro iba a saltar en mil pedazos, como si fuera una
15 sandía estallada.

Comenzó a nevar con fuerza. A la niebla se unían los copos cada vez más densos[4].

—Mejor —murmuró Manu cargando el arma.

—No lo olvides, guárdame una.

20 Manu se alejó pisando la nieve con sus botas de puntera de acero. El crujido[5] de sus pasos parecía proyectarse por el descampado que le acercaba cada vez más a su misión. Mientras avanzaba tuvo un flash en su cabeza —le seguía doliendo la sien, palpitando las venas— en el que veía
25 *La Sangre del Poeta*. La trastienda, la cruz gamada, la marcialidad[6] de Águila Juan antes de sus clases teóricas, y las babas de Wotan, el jodido David. Sólo al recordar el rostro de aquel individuo, sintió que el siroco soplaba con más y

---

1 azuzar contra alg.: auf jdn. hetzen
2 el pastor alemán: Schäferhund
3 de antemano: antes de que pase a/c
4 denso/-a: *aquí* grueso/-a
5 el crujido: Knirschen
6 la marcialidad: kriegerisches Wesen

más fuerza, haciendo revolotear[1] los copos a su alrededor,
ante sus ojos, cegándolos. Apretó con fuerza la culata[2] de
la 9 mm *Parabellum*. Confiaba en ella. Confiaba en que no
le fallase. Sólo confiaba en ella y en la moto de Teo para
escapar. Con el dedo índice[3] de su mano derecha acarició el   5
gatillo[4]. Notó que estaba duro y que tendría que apretarlo
con fuerza para que escupiera su carga de odio y muerte.

* * *

EVA

Al abrir la puerta, que chirrió[5] como si en lugar de cristal
y aluminio fuera la de un castillo medieval, sentiste en tu
rostro el calor del vivero. Era una bocanada de cálido aire   10
húmedo, a la que poco a poco te acostumbraste. Incluso con
cierto placer.

Allí dentro te sentías bien, muy bien, confortablemente
bien. Pero estaba demasiado oscuro. Menos mal que habías
llevado la pequeña linterna, porque encender las luces,   15
que una hora antes había apagado Virginia, era de lo más
arriesgado.

Nadie tenía que saber que estabais allí, y encender las
luces hubiera sido como dar el cante[6] a los curiosos. Incluso
podía haberse acercado el vigilante de una obra cercana,   20
cuyo perro había comenzado a ladrar insistentemente, tal
vez alertado[7] por algo o por alguien.

---

1   revolotear: *aquí* moverse rápido
2   la culata: Kolben
3   el dedo índice: Zeigefinger
4   el gatillo: Abzug
5   chirriar: quietschen, knarren
6   dar el cante a alg.: llamar la atención de alg.
7   alertar: alarmar, advertir

Miraste a tu alrededor, como si aquél, por vez primera, hubiera de ser tu nuevo, tu auténtico hogar[1]. Elegiste un rincón, intentaste acomodarlo, para esperar impacientemente a Saïf. Sabías que con él iba a llegar el verano. No sentías
5 miedo a la separación porque, aún sin explicártelo, estabas convencida de que estaba muy cerca de ti. Aunque, en aquellos momentos, lo necesitabas aún más cerca.

Sentiste un ruido y te volviste esperanzada. No era Saïf. Sin duda el crujido de alguna madera, el respirar de las
10 plantas, los plásticos del vivero que acogían el húmedo calor vivificante[2]. Te reíste al pensar que eras como una flor de invernadero[3], protegida del frío para que viviera a pesar de las dificultades. Con ayuda de tu pequeña linterna viste en un rincón, tras unas macetas[4] apiladas[5], un rollo de goma-
15 espuma[6]. Serviría.

Te inclinaste a recogerlo, con el propósito de extenderlo en el suelo y poder estar más cómodos sobre aquel improvisado colchón. Tu último gesto fue el de ajustarte —¿acariciar?— el gorro de lana color granate.

* * *

MANU

20 Manu entró como una sombra entraría en el agua. Jamás se había movido con tanto sigilo[7]. Estaba acostumbrado a la agresión, a la violencia de frente, por lo que hasta aquel momento desconocía cómo se filtra el viento por los

---

1 el hogar: la casa
2 vivificante: que da vida, vitalizante
3 el invernadero: Gewächshaus
4 la maceta: Blumentopf
5 apilar: sich türmen, sich stapeln
6 la gomaespuma: Schaumgummi
7 el sigilo: *aquí* el cuidado

resquicios[1]. Pero no le costó hacerlo; bastaba con no quitar la vista de la nuca de su presa. La *Parabellum* por delante, la mano extendida, el dedo dispuesto a flexionarse sobre el gatillo[2].

Durante un momento se le nublaron los ojos. Imaginó a aquel sucio árabe abrazando a su hermana y el siroco se apoderó de él.

Le fue fácil, muy fácil disparar una, dos, tres veces.

Sólo esperó dentro del vivero lo justo para ver caer a su enemigo. Luego salió corriendo, con la pistola caliente aún en la mano, sin preocuparse siquiera de esconderla bajo la chupa negra de cuero[3].

—¡Vamos!

Le hubiera gustado hablar, decirle a su compañero que ya estaba hecho, que salieran a toda velocidad de allí, antes de que viniera alguien. Pero sólo le salió aquella palabra imperiosa, balbuceante[4]. Sin embargo, Teo no parecía tener demasiada prisa.

—¿Me has dejado una?

Manu no pareció comprender. Sentía un gran vacío en su corazón, como si se lo hubiera arrancado con las uñas.

Teo ni siquiera se molestó en repetir la pregunta. Arrebató[5] la pistola de la mano de su compañero y se acercó sonriente hacia el pastor alemán que ladraba aún más excitado, mostrando sus fauces[6] llenas de babas y dientes. La bala le entró por el ojo derecho, arrojándolo con fuerza contra la pared de piedra en la que estaba encadenado[7]. Teo escupió sobre su cadáver antes de guardar con decisión,

---

1 el resquicio: Ritze, Spalt
2 flexionarse sobre el gatillo: *hier* den Abzug drücken
3 la chupa de cuero: Lederjacke
4 balbuceante: gestammelt
5 arrebatar: coger, tomar con violencia
6 las fauces: Schlund, Rachen
7 encadenar: anketten

sin consultar ni siquiera a Manu, su primera arma de fuego en la parte trasera de su pantalón. Luego arrancó la moto, que condujo en una dirección cualquiera, mientras sentía a sus espaldas los temblores de Manu, que se aferraba[1]
5 desesperadamente a su cintura.

La nieve, cada vez más espesa, iba borrando sus huellas conforme las producían. La nieve, cada vez más blanca, comenzó a cubrir el cadáver del perro, empapando[2] su sangre. La nieve, cada vez más fría, congeló los cristales del
10 vivero, produciendo una escarcha[3] que deformaba la visión del cuerpo de Eva, caído de bruces[4] sobre la colchoneta de gomaespuma, con dos balas atravesando su gorro de lana color granate. La tercera le había partido en dos la espina dorsal[5].

* * *

EVA

15 Así te encontré.

Por ti, por todas las víctimas de la violencia urbana, quise reconstruir tu historia. Ha sido doloroso, pero Saïf me ha ayudado mucho. Saïf ha estado siempre a mi lado, ayudándome, sufriendo, animándome, queriéndote.
20 Sabe que ahora, Eva, ahora que te has convertido en ave[6], estarás volando en busca del desierto, de los oasis, de las dunas rojas, de él.

* * *

---

1 aferrarse a a/c: sich an etw. festhalten
2 empapar: *aquí* cubrir
3 la escarcha: Raureif
4 caer de bruces: vornüber fallen
5 la espina dorsal: Wirbelsäule, Rückgrat
6 el ave *f.*: el pájaro

El sol brota en el horizonte,
la arena se incendia,
las sombras empiezan a desvanecerse
en el calor que nace
y yo te miro.   5
Y te recuerdo
y te espero...

إِيـبـَا اَحُبُّكِ ، يَبْكَا مِنْكِ رَاَيْمًا

SAÏF

1. Escribe una noticia de prensa que trata del asesinato de Eva.
2. Busca frases y expresiones que anuncian este final de la novela.
3. Analiza las técnicas narrativas utilizadas en este capítulo (perspectiva narrativa, tiempo y espacio, lenguaje).
4. Según tu opinión, ¿quién cuenta los capítulos que llevan el título «Eva»?
5. La policía busca al asesino de Eva. Manu, Teo, Saïf y Virginia tienen que ir a la comisaría para contestar algunas preguntas. Preparaos y poned el interrogatorio en escena.

Anexo

Pandilleros[1]

De Latinoamérica han llegado, importadas, pandillas juveniles. Nos hemos percatado[2] de ello, mejor dicho, hemos tomado conciencia de ello, a partir de la muerte del muchacho colombiano de 17 años, Ronny.

5 Lo mataron porque se confundieron de Ronny. La banda «A» tenía pendiente[3] vengarse[4] de un miembro de la banda «X», llamado Ronny, por unas diferencias[5] (no se sabe exactamente cuales), que había tenido con ellos. El destino quiso que los dos Ronnys estudiaran en el mismo instituto y
10 la violencia hizo lo demás.

No estamos ante una secuencia de la película *West Side Story*, que fue un retazo[6] de la realidad suburbial[7] americana de aquella época. Estamos en España, en el 2003, creyendo que la razón priva sobre[8] la violencia gratuita[9] [...].

15 Nos enteramos ahora que estas bandas juveniles de inmigrantes aparecieron en Barcelona hace dos años y nos enteramos, ahora también, que las autoridades no saben qué hacer. Las pandillas de Barcelona dependen de Madrid, los de Madrid dependen de Guayaquil (Ecuador) o Estados
20 Unidos. Y esto no es todo. Los miembros de estas bandas tienen que pagar un canon[10] a los líderes de las mismas por pertenecer a ellas y por su «protección» y éstos «han» de

---

1 el/la pandillero/-a: miembro de una pandilla
2 percatarse de a/c: darse cuenta de a/c
3 tener pendiente a/c: etw. noch zu erledigen haben
4 vengarse: sich rächen
5 la diferencia: *aquí* la discusión, la disputa
6 el retazo: un fragmento, una parte
7 suburbial: Vorstadt-+*Nomen*
8 privar sobre: ser superior a
9 gratuito/-a: *hier* willkürlich
10 pagar un canon: pagar dinero

enviar[1] fondos[2] a Madrid. Los de Madrid «han» de enviar fondos a Guayaquil (Ecuador) o a Estados Unidos, a los superlíderes americanos.

¿A qué nos suena ésto? ¿A secta, a mafia, a abuso[3], a control colectivo? Para pagar el canon algunos miembros cometen pequeños robos y proxenitismo[4]. Un dato inquietante es que hay muchas mujeres integrantes[5] de estas bandas. 5

Aquí es donde los políticos, que no se cansan de pedir nuestro voto, tienen que poner a trabajar su materia gris y dar una solución. Si ellos no son capaces de hacerlo, que busquen personas que lo hagan. Hay que poner fin a este 10 fenómeno. No podemos, ni queremos, esperar a que este problema alcance dimensiones imposibles de controlar.

Leonor Sedó, 24-11-03
http://www.39ymas.com/temas/familia/Pandilleros/

1. Resume.¿Qué son las pandillas juveniles? ¿Cuál es su origen y cómo funcionan?
2. Explica por qué las pandillas representan un problema para la sociedad española.
3. Expón cuál es, según tu opinión, la intención de este artículo.

---

1 haber de hacer a/c: tener que hacer a/c
2 el fondo: *aquí* el dinero
3 el abuso: Missbrauch
4 el proxenetismo: Zuhälterei
5 el/la integrante: el miembro

Comunicado[1] oficial del Foro Social de Cáceres: agresiones ultraderechistas

*Se trata de un problema de violencia de grupos ultra-
derechistas, no de enfrentamiento entre «tribus[2] urbanas»*

El Foro Social de Cáceres, en relación con los acontecimientos de las últimas semanas (manifestación del 15
5 de noviembre por el asesinato de un joven en Madrid,
apuñalamiento[3] de otro joven en Cáceres el jueves 22, y la
concentración[4] del domingo día 25 en solidaridad con este
joven), quiere expresar además de solidaridad con el chico
apuñalado[5], Carlos G. Basas, y rechazo[6] a todo acto violento,
10 lo siguiente:
Nuestro profundo desacuerdo con el diagnóstico[7] del
conflicto hecho por algunos responsables políticos y policiales,
que consideran que estamos ante un enfrentamiento entre
tribus urbanas y/o minorías violentas. Por el contrario, nos
15 encontramos ante la aparición, o al menos la visualización
pública, de un movimiento violento, xenófobo[8] y racista,
perfectamente estructurado, entre cuyos objetivos está la
intimidación[9] y la agresión física a inmigrantes, personas
sin hogar y gente perteneciente a organizaciones sociales
20 y políticas de izquierdas. La respuesta no violenta a esas
agresiones, no puede, en absoluto, ser considerada de la
misma naturaleza que las acciones de grupos de extrema

---

1 el comunicado: Mitteilung
2 la tribu: *fam.* la pandilla (juvenil) (la tribu: (Volks)Stamm)
3 el apuñalamiento: Tötung durch eine Stichwaffe
4 la concentración: la manifestación
5 apuñalar: erstechen, erdolchen (→ el apuñalamiento)
6 el rechazo: Zurückweisung
7 el diagnóstico: *aquí* el análisis
8 xenófobo/-a: quien desprecia o odia a los extranjeros
9 la intimidación: Einschüchterung (→ tímido/-a)

derecha que originan el conflicto. Desearíamos que los medios de comunicación fueran sensibles a este diagnóstico.

Por todo ello, solicitamos[1] a las fuerzas de seguridad que actúen para frenar el avance[2] de estos grupos xenófobos, fascistas y violentos en Cáceres, perfectamente localizados, y que impidan la comisión de agresiones. 5

Así mismo, reclamamos de las entidades[3] sociales, sindicales y políticas, un esfuerzo para dar una respuesta conjunta[4] y contundente[5] a este fenómeno. Creemos que esta agresión fascista requiere[6] una movilización ciudadana 10 unitaria[7] y rápida, como la tendría un atentado terrorista o de violencia machista, sin negar el derecho de manifestación espontánea. El foro Social de Cáceres dará pasos en esta dirección.

Foro Social de Cáceres, 11-11-07
http://www.kaosenlared.net/noticia.php?id_noticia=46368

1. Indica el tema del comunicado.
2. Explica el trasfondo del comunicado.
3. Relaciona el comunicado con la novela *Un frío viento del infierno* de Carlos Puerto.

---

1 solicitar a/c a alg.: pedir a/c a alg.
2 el avance: Vormarsch
3 la entidad: la organización, la institución
4 una respuesta conjunta: *hier* gemeinsame Antwort
5 contundente: convincente, eficaz
6 requerir (e>ie): necesitar, exigir
7 unitario/-a: einheitlich

¡No a la violencia!

¡Eh, tú!
¡Maricón! ¡Moro!
¡Rojo! ¡Zorra!
¡Extranjero!
¡Tullido! ¡Guarro!
¡Vieja! ¡Negro!

¿Hasta cuándo tendremos que aguantar estos insultos? ¿Te sientes identificado con esta xenofobia? ¿Con este racismo? ¡Nosotros no! No vamos a transigir más, no permaneceremos impasibles ante más malas miradas, insultos e incluso agresiones físicas. Cáceres va a salir a la calle a decir no. A gritar fascismo nunca más. ¡Todos estamos expuestos! ¿Vas a esperar sentado a que le toque a un ser querido?

concentración
Se ruega asistir de etiqueta
Martes
18 de Diciembre
20:00 h.
Av. Virgen de la Montaña
(Frente a la subdelegación del Gobierno)

Cáceres
dice NO a
la violencia
racista y
xenófoba

Por los Derechos Humanos
Contra el fascismo

http://www.kaosenlared.net/noticia.php?id_noticia=47589

1. ¿De qué trata el póster?
2. ¿A quién se dirige el póster?
3. Discutid y confeccionad un póster sobre otro tema que os parezca importante.

1 la zorra: *vulg.* la prostituta (la zorra: Füchsin)
2 aguantar: aushalten, ertragen
3 el tullido: Krüppel
4 el guarro: el cerdo, *fam.* hombre sucio y depreciable
5 transigir: tolerar

¿TRES AÑOS Y ‹PAPERS›?

Los inmigrantes trasladados[1] de Canarias a Barcelona, que mañana empiezan una nueva vida en la calle, tienen expectativas[2] difíciles de cumplir aunque cuenten con apoyo

CAROLINA ABADÍA / BARCELONA

5 «No drogas, no robos, no problemas y a los tres años, papers», dice Elhadji Falló, uno de los 24 inmigrantes que desde el 9 de agosto residen 10 en un albergue de Barcelona pero que deberá abandonarlo mañana. Papers, papeles, es la difícil meta de su aventura. El 6 de julio, los rescató[3] un 15 buque[4] de la Cruz Roja. Llevaban ocho días a la deriva[5] en un cayuco[6] que se agrietó[7]. Tras un mes en un centro de internamiento[8] en Canarias, 20 no han podido ser expulsados a sus países de origen.

Desde las islas, llegaron el 9 de agosto al «hotel de Barcelona», como llaman al albergue. Quince días a cargo de la oenegé[9] *Comissió Catalana d'Ajuda al Refugiat* (CCAR).

¿Y después? «Soy buen pescador, buen mecánico, buen 30 pintor», responde Elhadji, optimista. Se ha erigido[10] en portavoz[11] del grupo. Tiene en mente una de las vías[12] por la que los extranjeros no 35 comunitarios[13] pueden lograr

---

1 trasladado/-a: llevado/-a
2 la expectativa: Erwartung
3 rescatar a alg.: salvar a alg., liberar a alg. de un peligro
4 el buque: el barco
5 (estar) a la deriva: auf dem Meer treiben
6 el cayuco: barco de madera de tamaño medio, patera (Flüchtlingsboot)
7 agrietarse: romperse
8 el centro de internamiento: Auffanglager (→ internar)
9 la oenegé: la ONG (Organización No Gubernamental)
10 erigirse: declararse
11 el/la portavoz: Sprecher/in, Wortführer/in
12 la vía: *aquí* el camino, la posibilidad
13 no comunitario: que no forma parte de la Unión Europea

un permiso de residencia[1] y trabajo en España: demostrando arraigo[2] social.

Para lograrlo, han de acreditar[3] tres años de permanencia continuada en el país, vínculos[4] familiares con otros extranjeros residentes[5] (o un informe de inserción social[6] del ayuntamiento de la localidad en la que viven) y presentar un contrato de trabajo firmado por el empresario de un año de duración. Pero aún necesitarán superar otra traba[7]: que se les revoque[8] la orden de expulsión[9] que llevarán encima durante los próximos años. […]

El Periódico de Cataluña,
22-08-06

1. Describe cómo los africanos llegan a España presentando las diferentes etapas.
2. Explica cuáles son las posibilidades de los inmigrantes ilegales para conseguir papeles y abandonar la ilegalidad.
3. Comenta la situación de los inmigrantes ilegales.

1 el permiso de residencia: Aufenthaltserlaubnis
2 el arraigo: *aquí* la integración
3 acreditar: demostrar
4 el vínculo: la relación
5 residente: *aquí* persona que vive en España
6 la inserción social: *aquí* la integración
7 la traba: el obstáculo
8 revocar a/c: anular a/c
9 la orden de expulsión: Ausweisungsverfügung

El camino hacia Europa

900 JÓVENES VOLUNTARIOS REPARTEN[1] BROCHAZOS[2] SOLIDARIOS

MAGISTERIO acompañó la semana pasada a seis alumnos del Colegio «San Agustín» a pintar la casa de Antonio Gutiérrez, un anciano de 90 años vecino del madrileño barrio de Tetuán y beneficiario[3] de la Operación Rehabilitación[4] de Viviendas[5], en la que participan 900 jóvenes voluntarios.

La *Operación Rehabilitación de Viviendas* ha llegado este año a su 11ª edición fruto de[6] la colaboración entre las ONG[7] *Inquietud y Futuro* y *Cooperación Internacional.* Así, 900 jóvenes voluntarios de toda España están dedicando sus fines de semana a tareas de pintura y adecentamiento[8] de casas de familias con escasos recursos económicos[9], que son seleccionadas gracias a la colaboración de los servicios sociales públicos, las parroquias[10] y algunas asociaciones.

Antonio Gutiérrez, de 90 años, es uno de los beneficiarios de la *Operación Tetuán*, que coordina Elena San Martín, miembro de la ONG *Inquietud y Futuro* y encargada de dirigir a los alumnos de 1° y 2° de Bachillerato del Colegio «San Agustín» de Madrid que se han mostrado voluntarios para rehabilitar[11] seis viviendas. «Vamos por las clases y les contamos en

---

1 repartir a/c: austeilen, verteilen
2 el brochazo: Pinselstrich
3 el/la beneficiario/-a: *hier* Begünstigter
4 la rehabilitación: el arreglo, la reparación
5 la vivienda: el piso
6 fruto de: *aquí* gracias a
7 la ONG: la Organización No Gubernamental
8 el adecentamiento: el arreglo, la reparación
9 con escasos recursos: pobre
10 la parroquia: Kirchgemeinde, Pfarrei
11 rehabilitar: arreglar, reparar
12 apuntarse: inscribirse, participar

qué consiste la operación para que se apunten[12] los que quieran. También vienen padres y profesores porque en cada casa hay un responsable que tiene que ser una persona mayor», nos cuenta.

«Esta iniciativa les aporta[1] a los alumnos el conocimiento de la realidad, porque los jóvenes actuales desconocen otras realidades distintas a la suya. Es un poco ‹yo te pinto la casa y tú me ayudas a crecer como persona›. Por eso considero que es más una actividad educativa que asistencial[2]», continúa. «Los chavales son majísimos y muy buenas personas. Es una maravilla. Estoy contentísimo con este programa», nos comenta, por su parte, Antonio. En la Operación Tetuán participan alumnos de los Colegios «San Agustín» y «Buen Consejo». «Esto está muy bien porque nos demuestra que no hace falta irse a países subdesarrollados[3] para ayudar. Aunque no vaya a quedar perfecto, hacemos compañía[4] a esta gente», nos explicaba Andrés Baena, un alumno de 1º de Bachillerato del Colegio «San Agustín». Después de pasar por Sevilla y Murcia, los jóvenes voluntarios de *Cooperación Internacional* e *Inquietud* y *Futuro*, todos ellos de entre 16 y 30 años, están rehabilitando casas en Madrid, Palencia, Salamanca, Valladolid, Bilbao, Zaragoza, León, Valencia y Granada. En total, ayudarán a más de 80 familias de toda España arreglando humedades[5], cubriendo grietas[6] y pintando paredes.

http://www.magisnet.com/
articulos.asp?idarticulo=3001,
27-2-2008

---

1   aportar a/c a alg.: dar a/c a alg.
2   una actividad asistencial: la ayuda
3   el país subdesarollado: Entwicklungsland
4   hacer compañía a alg.: jdm. Gesellschaft leisten
5   la humedad: Feuchtigkeit
6   la grieta: Riss

1. Presenta a la *Operación Rehabilitación de Viviendas*. ¿Quiénes son los miembros? ¿Qué hacen? ¿Cómo es la estructura de la organización?
2. Según tu opinión, ¿cuáles son los motivos de los jóvenes para participar en la *Operación Rehabilitación de Viviendas*?
3. ¿Quiénes son los beneficiarios de la *Operación Rehabilitación de Viviendas*? Explica.
4. ¿Hay alguna organización parecida en tu ciudad, parroquia o escuela? Preséntala. Si no conoces ninguna, busca en Internet.

Carlos Puerto nació en Madrid en 1942. Empezó a publicar libros a los 22 años, además de colaborar como guionista en películas y en programas de televisión y radio.

Su pasión viajera le ha llevado a conocer gran parte del mundo, como queda patente en muchas de sus obras.